Angelina Schulze

Hypnosetexte zum Vorlesen und selber Zusammenstellen 3

12 Hypnose Trancegeschichten „Spirituell & Gefühle/Verhalten“ als Textbausteine und dazu noch 1 Einleitung, Vertiefung und Ausleitung

Großdruck mit Schrift Arial 16 Punkt.

Bibliografische Information der Deutschen Nationalbibliothek
Die Deutsche Nationalbibliothek verzeichnet diese Publikation in der Deutschen Nationalbibliografie; detaillierte bibliografische Daten sind im Internet über http://dnb.d-nb.de abrufbar.

Autorin des Buches: © Angelina Schulze
selbsthilfecoach@entspannen-lernen.info

Layout und Satz des Buches: Angelina Schulze

Umschlaggestaltung: Angelina Schulze

Bilder: © KI (Coverbild)
© designer_an – Adobe Stock (Pusteblume mit Schmetterling)
© designer_an – Adobe Stock (Schmetterling mit Linie)
© christine krahl – Adobe Stock (Rahmen mit Schmetterlingen)

Korrekturlesen: Claudia Sartre

Verlag: Angelina Schulze Verlag, Am Mühlenkamp 15, 38268 Lengede

verlag@angelina-schulze.com
https://angelina-schulze.com
https://angelina-schulze-verlag.de

2. Auflage: September 2023

ISBN: 978-3-96738-268-6

Inhaltsverzeichnis

Einleitung

Willkommen zu einer faszinierenden Reise in die Welt der Hypnose und Trancegeschichten. Auch in diesem dritten Band meiner Reihe "Hypnosetexte zum Vorlesen und selber Zusammenstellen" entführe ich dich in eine Welt der inneren Entdeckung und Transformation.

Insgesamt hältst du eine Sammlung von 16 (12 + 3 + 1 x Bonus) sorgfältig ausgearbeiteten Hypnosetexten in den Händen.

Der Bonustext ist zum Thema Gewichtsreduktion geschrieben und ein Vorgeschmack auf Band 4 dieser Buchreihe.

Die Hypnosetexte sind wie Bausteine, die darauf warten, zusammengesetzt und gelesen zu werden. Sie sind mehr als Worte auf Papier - sie sind Schlüssel, die die Türen zu deiner Fantasie öffnen und dich auf eine Reise zu deinem gewünschten Ziel führen.

Die Wahl der Schriftart und -größe in diesem Buch wurde ganz bewusst getroffen, um sowohl denjenigen, die die Hypnosetexte für sich selbst lesen, als auch denjenigen, die sie vorlesen, eine optimale Erfahrung zu ermöglichen. Die Verwendung der Schriftart Arial mit 16 Punkt Schriftgröße dient verschiedenen Zwecken, um eine reibungslose Hypnose zu gewährleisten.

Für diejenigen, die die Texte selbst lesen, ermöglicht die großzügige Schriftgröße ein leichtes Verweilen der Augen an den richtigen Stellen. Dies erleichtert das Eintauchen in die Trance und den Lesefluss, insbesondere wenn ... (kleine Pausen) oder ... ... (größere Pausen) im Text gemacht werden. Die klare und gut lesbare Schrift fördert ein tieferes Eintauchen in die Hypnose, während die Absätze helfen, die Pausen einzuhalten und die richtige Stelle beim Lesen zu finden.

Auch für den Hypnosetherapeuten hat diese Schriftart Vorteile. Während du die Texte vorliest und kurz auf die Reaktionen deines Klienten achtest, ermöglicht dir die klare Struktur des Textes, an der richtigen Stelle zu bleiben und die Pausen mühelos einzuhalten. Dies fördert einen reibungslosen Ablauf der Hypnosesitzung, in der auch ... (kleine Pausen) oder ... ... (größere Pausen) zur Optimierung der hypnotischen Wirkung eingesetzt werden können.

Einige der Hypnosetexte enthalten Fragen, deren Antworten in die Trance integriert werden können, um eine maßgeschneiderte Hypnosereise zu kreieren.

Genieße die Klarheit und Leichtigkeit, die diese Schriftauswahl bietet, während du dich auf eine transformative Reise begibst oder anderen dabei hilfst, ihre eigenen Veränderungen zu erfahren.

Begleitet von einer Einführungsphase, die dich sanft in den Zustand der Hypnose einführt, und einer

Vertiefungsphase, die deine innere Wahrnehmung stärkt, bieten dir diese Hypnosetexte eine vielfältige Palette an Erfahrungen. Sie sind darauf ausgerichtet, dich in verschiedene Dimensionen deines Selbst zu führen und Veränderungen auf einer tieferen Ebene zu ermöglichen.

Am Ende der Reise wirst du sanft mit dem Ausleitungstext zurück ins Wachbewusstsein geführt, so dass du gestärkt und erfrischt aus dieser hypnotischen Erfahrung hervorgehen wirst.

Nimm dir Zeit, in diese Hypnosetexte einzutauchen und die für dich passenden auszuwählen. Mit diesem Buch bist du der Schöpfer deiner eigenen inneren Reise, geführt von Worten, die deine Vorstellungskraft lenken und deine Veränderungsprozesse unterstützen.

Mach dich bereit, deinen Geist zu öffnen und deine Reise in die Tiefen deines Selbst anzutreten. Möge dieses Buch dir die Möglichkeit geben, dich auf eine spannende Reise zu begeben und deine persönlichen Ziele zu erreichen. Die Türen sind geöffnet, die Reise kann beginnen - lass uns gemeinsam eintauchen.

Noch eine Idee für dich bzw. deine Klienten/innen

Du kannst auch eine Hypnose-CD für dich oder deine Klienten/innen erstellen. Nimm einfach die Hypnosesitzung oder das Vorlesen des Textes mit einem Diktiergerät (ggf. Handy) auf und brenne anschließend die CD oder überspiele die Datei auf das Handy. Die Aufnahme kann dann immer wieder angehört werden, um die Hypnose zu unterstützen oder aufzufrischen. Außerdem ist es eine schöne Möglichkeit, sich von der eigenen Stimme begleiten zu lassen, wenn man die Texte einmal für die Selbsthypnose aufgenommen hat.

Eine gute Ergänzung ist ruhige Musik (nur instrumental), die man leise im Hintergrund laufen lässt. Dies unterstützt den angenehmen Zustand der Ruhe und Gelassenheit, den man in der Hypnose empfindet.

Hierfür solltest du GEMA-freie Musik verwenden oder ggf. Lizenzrechte besitzen, um diese Musik zusammen mit deiner Stimme aufzunehmen und den Klienten/innen mit nach Hause zu geben.

Über den Angelina Schulze Verlag und den Komponisten Burkhard Schlimme kannst du GEMA-freie Entspannungsmusik erwerben. Dort gibt es auch die Möglichkeit einer Lizenz zur Weitergabe an deine Kunden. Bei Interesse schau einfach mal auf dieser Seite vorbei: https://angelina-schulze.com

Vorwort zur Hypnose

Was ist Hypnose und bin ich dafür geeignet?

Hypnose ist ein veränderter Bewusstseinszustand, der ganz normal und natürlich ist. Grundsätzlich ist jeder intelligente Mensch, der schlafen kann, für eine Hypnose geeignet. Deine Vorstellungskraft wird aktiviert. Du nimmst bewusst wahr, was geschieht und was gesagt wird, und vor allem hast du die Kontrolle darüber. Du bist weder bewusstlos noch in einer Art Schlaf oder gar Narkose. Wenn du willst, kannst du sogar aufstehen.

Du konzentrierst dich nach innen und bist dadurch eher in der Lage, die Aussagen = Suggestionen anzunehmen, als es vielleicht dein Bewusstsein tun würde. Die Kritikfähigkeit des Bewusstseins ist zwar reduziert, aber nicht völlig ausgeschaltet. Wenn dir also eine Aussage völlig unglaubwürdig oder gar widerwärtig erscheint, wirst du sie ignorieren oder ablehnen.

Du hast den Zustand der Hypnose schon mehrmals erlebt, nämlich morgens beim Aufwachen und kurz vor dem Einschlafen. Auch wenn du in einen Film oder ein Buch vertieft bist, bist du in dieser aufnahmefähigen Trance und dein Unterbewusstsein ist bereits beeinflussbar. Du bist dann offener für Neues, lernst dir in schwachen Momenten oder schwierigen Situationen selbst zu helfen und es wird dir leichter gelingen, etwas zu verändern. So kannst du auch deinem Körper helfen, sich selbst zu heilen.

Hypnose kann bei allen Themen eingesetzt werden, bei denen eine Verbesserung gewünscht wird. Im Vorgespräch wird das Ziel klar und gehirngerecht (bzw. optimal für das Unterbewusstsein) erfragt.

In der Hypnosesitzung werden dann all diese Informationen über die bildliche Vorstellung und einen Suggestionsteil individuell eingebaut.

Die Veränderung zu einem positiveren Leben beginnt. Man braucht bewusst nur den Willen und die Bereitschaft zur Veränderung, alles andere übernimmt das Unterbewusstsein.

Hypnose Einleitung und Vertiefung

Hypnose Einleitung: In den Zug einsteigen

Atme jetzt einmal so, wie du atmest, wenn du dich auf das Einschlafen vorbereitest ...

Atme ganz ruhig und gleichmäßig ...

Mit jedem Einatmen lässt du Ruhe in dich hineinströmen ...

Bei jedem Einatmen nimmst du immer mehr dieser Ruhe in dir auf ...

Die Ruhe breitet sich in dir aus und du wirst ruhiger und gelassener ...

Und mit jedem Ausatmen lässt du alles, was dich vielleicht noch stören könnte, einfach los ...

Du atmest es aus und lässt es los ... ...

Und während du dich so auf deine Atmung konzentrierst, merkst du jetzt oder gleich, wie es immer ruhiger in dir wird ...

Immer ruhiger ...

Und nun stell dir einmal einen Zug vor ...

Vielleicht fährt er durch eine wunderschöne Landschaft ...

Vielleicht siehst du auch einen Zug, der durch einen Tunnel fährt ...

Vielleicht ist es auch ein Zug, der gerade am Bahnhof ankommt ...

Vielleicht aber auch ...

Ist dein Bild von einem Zug ein ganz anderes und du sinkst tiefer und tiefer in diese Ruhe und Gelassenheit ... ...

Und in diesem Zug kannst du jetzt einmal fahren ...

Vielleicht siehst du wie noch andere Fahrgäste im Zug sind ...

Vielleicht siehst du auch wie du anderen Leuten aus dem Zug heraus zuwinkst ...

Vielleicht ist der Zug aber auch ganz leer und du genießt die Ruhe und dass du das Abteil ganz für dich allein hast ...

Vielleicht aber auch ...

Hast du auch noch andere Möglichkeiten, wie sich deine Zugfahrt jetzt gestaltet und du sinkst tiefer und tiefer in diese Ruhe und Gelassenheit ... ...

Hypnose Vertiefung: Zugfahrt

Und es ist gut zu wissen, dass dein Zug immer weiterfährt und du deine Reise genießen kannst ...

Und während der Zug so vor sich hin rattert, da kannst du einmal mit deiner Aufmerksamkeit nach innen gehen. Lenke den Fokus auf deine inneren Empfindungen, wie du immer mehr loslässt und zur Ruhe kommst und die Fantasiereise genießt ...

So kommst du tiefer und tiefer in diese schöne Ruhe und Gelassenheit hinein und sinkst tiefer in die Unterlage, wie auch tiefer in die Trance hinein ...

Wie gut das tut ...

Einfach mal ausruhen und nach innen lauschen ...

Auf die innere Wahrnehmung achten ...

Und dabei ganz automatisch immer tiefer und tiefer in die Trance und Ruhe hineinsinken ...

So ist es gut ...

Während dich im Außen die Musik und meine Stimme begleiten und jedes Wort und jeder Ton der Musik dich immer mehr nach innen lenkt ...

Zur Ruhe bringt …

Dich noch tiefer und tiefer sinken lässt ...

Und so erlaubst du dir nun, über die Brücke zwischen wachen und schlafen zu gehen ...

Denn inzwischen ist dein Zug an einem wichtigen Punkt in deiner Vorstellungswelt angekommen und du kannst aussteigen und schauen, was dir jetzt alles in deiner Vorstellung weiter begegnet ...

12 Hypnose Hauptteile

1. Reise in die obere Welt zum spirituellen Lehrer, um Fragen zu stellen

Den Glauben und das Vertrauen in sich selbst stärken, eine frei wählbare dritte Fähigkeit erhalten und die Möglichkeit, Fragen zu stellen, auf die man gern Antworten hätte.

***** **Hypnose** *****

Und ein Teil von dir kann jetzt auf eine ganz besondere Reise gehen. Dazu schwebst du mit diesem Teil einmal in den Himmel. Dort oben findest du die obere Welt, in der viele Engel leben und auch dein spiritueller Lehrer zu finden ist. Und so schwebst du nun einmal zum Eingangstor, welches sich aus vielen kleinen Wolken gebildet hat …

Während du durch das Wolkentor jetzt die obere Welt betrittst, da bemerkst du, dass der Boden mit weißem Nebel bedeckt ist und du kannst deine Füße gar nicht mehr sehen. Das ist aber auch nicht nötig, denn du fühlst dich ganz frei und geborgen und jeder Schritt ist eher wie ein Schweben, so leicht fühlst du dich.

Du wirst von diesem weißen Nebel, der sich wie weiche Watte anfühlt, getragen und weiter auf deinem Weg vorwärtsgebracht.

Dir begegnen einige Leute, die auch in diesem weißen Nebel gehüllt sind und weiße Kleidung tragen. Einige von ihnen haben auch Flügel und fliegen an dir vorbei.

Es sind eindeutig die Engel in dieser oberen Welt. Sie rufen dir zu, dass du weiter gehen sollst, denn sie warten auf dich. Dein spiritueller Lehrer wartet auf dein Erscheinen und möchte gern mit dir reden und dir etwas schenken.

Freudig gehst du weiter auf der Suche nach deinem spirituellen Lehrer. Wo ist er denn nur, fragst du einen der kleinen Engel, der nun an deiner Seite ist und dich ein Stück des Weges begleiten will. Dort vorn, sagt er und zeigt auf eine weiße Villa. Du siehst eine weiße Mauer, die wunderschön verziert ist um diese Villa ...

Jetzt trittst du durch die Pforte der Mauer. Es ist nur noch ein kleines Stück Weg und dann bist du am Eingang der Villa. Alles sieht so schön und friedlich aus hier oben ...

Ruhe und Geborgenheit strahlen förmlich aus allen Himmelsrichtungen zu dieser Villa. Jetzt bist du an der Eingangstür der Villa angekommen. Auch die Tür ist wunderschön verziert und ebenfalls ganz in Weiß. Ein kleines Engelchen öffnet dir die Tür und heißt dich herzlich willkommen. Du sollst eintreten, denn man wartet bereits auf dich. Du schreitest durch die Tür und erblickst die Eingangshalle und eine riesengroße Treppe. Alles in diesem Raum ist weiß ...

Das freundliche kleine Engelchen zeigt auf eine Sitzgruppe in der Mitte des Raumes. Dort stehen 2 Sessel und ein kleiner runder Tisch.

In einem der beiden Sessel sitzt ein Mann. Er trägt ein weißes, langes Gewand. Du fragst, ob er dein spiritueller Lehrer sei? Ja, sagt er und er habe schon auf deine Ankunft gewartet. Schön, dass du nun endlich bei ihm angekommen bist und den Weg zu ihm gefunden hast. Er möchte dir so gern deine Fragen beantworten und hat auch Geschenke für dich. Doch erst mal sollst du dich setzten und ein wenig ausruhen und die himmlische Ruhe genießen, den Frieden in dieser Welt und die Liebe, die man hier überall spüren kann ...

Sicher und geborgen sein und dich rundum wohl und willkommen fühlen. Ja, das fühlt sich sehr gut an, sagst du und genießt jetzt jeden Augenblick. Neugierig fragst du nach seinem Namen. Er sagt, dass er so heißt, wie du es dir wünschst. Du darfst dir seinen Namen aussuchen, indem du auf deine innere Stimme hörst und einen Namen tief in dir drinnen jetzt wahrnimmst. So wird dein spiritueller Lehrer nun für dich heißen ...

Er lächelt dich nun an und möchte dir als Geschenk für seinen neuen Namen etwas mit nach Hause geben. Etwas, was du in deine Welt mitnehmen sollst, damit du immer an ihn denken kannst. Sei es nun auch nur symbolisch zu verstehen, so kannst du doch dadurch an ihn denken.

Neugierig schaust du auf seine Hände, die plötzlich 3 Kugeln beinhalten. Es sind durchsichtige Kugeln und er legt dir bereits die erste in deine rechte Hand.

Dazu sagt er: das ist eine Kugel, die für deinen Glauben stehen soll. Der Glaube an dich selbst ...

Dann legt er dir die zweite Kugel in die linke Hand und sagt: das ist eine Kugel, die für das Vertrauen stehen soll. Das Vertrauen in ihn und die geistige Welt, die immer für dich da ist. Und es geht auch um das Vertrauen zu dir selbst und deinen Fähigkeiten ...

Die dritte Kugel legt er dir wortlos in den Schoß. Du betrachtest die Kugeln und fragst verwundert, wozu denn die dritte Kugel stehe, weil er ja gar nichts dazu gesagt habe. Ja, das darfst du dir nun selbst aussuchen. Das Wort oder die Eigenschaft, die du durch diese Kugel dargestellt haben möchtest, so wird es dann sein.

Welches Wort fällt dir spontan als Erstes ein? Welche Eigenschaft soll diese Kugel bekommen? …

Schön, wenn du jetzt deine Wahl getroffen hast. Ja, nun steht diese Kugel genau dafür. Du freust dich über deine Geschenke und fragst deinen spirituellen Lehrer nun, was er dafür als Gegenleistung haben möchte. Seinen Name, den du ihm gegeben hast, kann doch nicht alles sein oder?

Er lächelt dich an und zeigt auf die Kugeln. Sieh, die Kugeln sind ganz durchsichtig. Sie sind noch leer. Deine Aufgabe ist es nun, diese Kugeln zu füllen.

Fülle sie in deiner Welt, indem du daran denkst und dich damit beschäftigst. In deinen Gedanken mit deinen Taten sollst du sie füllen und dir damit selbst dieses Geschenk machen bzw. es dadurch vollenden.

Fülle die eine Kugel mit dem Glauben an dich selbst. Dein Selbstbewusstsein bringt es zum Wachsen.

Die zweite Kugel fülle mit dem Vertrauen. Das Vertrauen sowohl in dich selbst aber auch in die geistige Welt, die für dich da ist. Habe das Vertrauen, das immer jemand für dich da ist und dir hilft, wenn du ihn darum bittest. Deine Engel und auch deine spirituellen Lehrer sind immer für dich da. Du bist stets beschützt und behütet von uns. Aber habe oder entwickele das Vertrauen in die geistige Welt.

Deine dritte Kugel hast du selbst gewählt. Fülle sie mit der Eigenschaft, die du selbst für dich als Geschenk haben wolltest. Es liegt an dir, aber da du es dir selbst ausgesucht hast, stecken diese Eigenschaften auch in dir drin und wollen nur geweckt werden. Lass sie raus und beschäftige dich damit. Du kannst es, wenn du es nur willst und auch zulässt. Es ist deine Aufgabe, diese Kugeln zu befüllen …

Du darfst natürlich jederzeit, wenn du es möchtest, wieder kommen und deinen spirituellen Lehrer um Rat fragen.

Wir sind für dich da und du bist immer herzlich willkommen und wir werden dir deine Fragen beantworten und auch immer deine Kugeln, seien sie noch leer oder auch schon befüllt, mit auf den Weg geben. Du selbst wirst die Kugeln so sehen, wie sie zu diesem Zeitpunkt befüllt sind und du kannst auch jederzeit die dritte Kugel nach der Wahl verändern. Beschrifte sie immer mit der Eigenschaft, die zurzeit gerade für dich wichtig ist und die du an dir entfalten möchtest ...

Dein spiritueller Lehrer fragt dich jetzt, ob du noch Fragen an ihn hast und dass du sie jetzt an ihn stellen kannst. Tief in dir drinnen kennst du die Antwort auf all deine Fragen und dein Unterbewusstsein kann dir durch deinen spirituellen Lehrer die Antworten geben, sodass du sie verstehst. Das kann in Form von Gefühlen sein oder von Farben oder Bildern oder auch, dass du direkt Worte hörst oder irgendwie wahrnimmst.

Sei offen für die Möglichkeiten, die sich dir jetzt als Antwort bieten. Du wirst vielleicht nicht gleich wissen, was damit gemeint ist, aber du nimmst die Botschaft ja mit in deine Welt und kannst darüber noch eine Weile nachdenken.

Du wirst bestimmt die richtige Antwort entschlüsseln können und mit ein wenig Übung gelingt es dir, immer besser und schneller die Antworten für dich deutlich zu machen.

Du hast jetzt eine Weile Zeit, deinen Lehrer um Antworten zu bitten und kannst jetzt deine Fragen stellen.

Wenn es Zeit ist, zum Ende zu kommen, dann melde ich mich wieder bei dir und begleite dich zurück in deine Welt und du kannst mir auch kurz ein Zeichen mit der Hand geben oder sagen, dass es weiter gehen kann ... ...

Es ist nun Zeit, langsam zum Ende zu kommen. Bitte verabschiede dich von deinem spirituellen Lehrer und bedanke dich nochmal für seine Antworten und seine Geschenke in Form der Kugeln, die dir helfen werden, weiter zu wachsen und dich zu entwickeln. Sage Danke und gehe dann langsam in Richtung Eingangstür der Villa ...

Auf deinem Weg zu dem Wolkentor am Eingang in die obere Welt, begleitet dich wieder der kleine Engel von vorhin. Er zeigt dir den Weg durch den weißen Nebel am Boden und du fühlst dich wieder total frei und unbeschwert.

Ganz leicht und warm ums Herz schwebst du wieder sanft nach unten in deine Welt. In deinem Herzen nimmst du die Botschaften und deine drei Kugeln mit zu dir nach Hause, um noch lange daran zu denken und deine Aufgaben zu erfüllen …

2. Reise in die untere Welt zum naturverbundenen Helfer, um deine Geschenke in Empfang zu nehmen

Stress, Krankheit, Schmerzen, Blockaden und zu wenig Eigenliebe oder Liebe im Leben.

Ein zusätzliches Highlight für deinen Klienten/in ist, wenn du ihm/ihr im Laufe der Trancereise die genannten Glassteinchen in die Hand legst. Diesen kannst du vorher mit den Schwingungen von Ruhe & Gelassenheit (blauer Stein), Heilung für Körper & Geist & Seele (grüner Stein), Eigenliebe & Liebe zu anderen geben und empfangen (rosa oder roter Stein) energetisch aufladen und dann als zusätzlichen Bonus zur Hypnose mitgeben.

***** **Hypnose** *****

Du befindest dich auf einem Weg zu einer Hütte. Es ist die Hütte mit einem Einstieg in die untere Welt. In dieser Welt möchtest du deinem naturverbundenen Helfer der unteren Welt treffen und dein Geschenk abholen.

Du gehst also einen Weg entlang und siehst in der Ferne eine urige, alte Hütte. Du machst dich frohen Mutes auf den Weg zum Eingang der Hütte ...

Sie kommt schon immer näher und deine Freude steigt mit jedem Schritt, den du dich näherst, weiter an. Nur zu gern möchtest du diese Reise zu deinem naturverbundenen Helfer der unteren Welt antreten ...

Endlich bist du angekommen. Da ist die Tür, die dich ins Innere der Hütte führt. Du drückst die Klinke herunter und trittst ein.

Im Inneren der Hütte ist alles sehr rustikal eingerichtet und es brennt ein Feuer im Kamin.

Es ist schön warm und viele Kerzen leuchten an den Wänden und es sieht recht gemütlich aus. Du schaust dich weiter um und erblickst eine Tür mit der Aufschrift: Weg in die untere Welt ...

Neugierig öffnest du nun diese Tür und siehst dahinter eine goldene Treppe, die nach unten führt. Auch hier sind die Wände mit Kerzen bestückt und alles ist hell erleuchtet.

Die goldenen Stufen glitzern und funkeln im Kerzenlicht und weisen dir den Weg nach unten. Du gehst nun Stufe um Stufe nach unten ...

Unten angekommen, sind eine grüne Wiese und eine wunderschöne Landschaft zu erblicken. Du wanderst jetzt durch diese Landschaft …

Und inmitten der vielen Bäume erblickst du jetzt einen Baum mit einem Gesicht.

Die Augen funkeln dich freundlich an und er strahlt von allen Bäumen am meisten, denn rings um ihn herum liegen lauter kleine Glassteinchen, die im Licht der Sonne funkeln ...

Plötzlich beginnt er zu sprechen und heißt dich willkommen. Er sei dein naturverbundener Helfer und warte schon auf dich. Wenige Meter von ihm entfernt ist ein loderndes Feuer und ein querliegender Baum dient dir als Bank. Du setzt dich auf diese Bank und schaust in das Feuer und wärmst dich erst mal auf ...

Mit seinen breiten Ast-Armen und seinen Ast-Fingern, die am Ende der breiten Ast-Arme seine Hand mit dünnen Ast-Fingern bilden, reicht er dir einen Tee. Du sollst dich erst mal stärken und ausruhen von dem Weg zu ihm. Er hat Zeit und gibt dir die nötige Ruhe, um erst mal anzukommen und dich zu sammeln …

Nun reicht er dir einen der vielen, blauen Glassteinchen und sagt, dies ist mein Geschenk an dich. Ich weiß, dass du dich oft gestresst gefühlt hast und daher habe ich diesen Stein mit Ruhe und Gelassenheit aufgeladen.

Diese Eigenschaften befinden sich nun in dem Stein. Er soll dich die nächste Zeit begleiten und dir immer dann die nötige Ruhe geben, wenn du sie brauchst.

Nimm dann den Stein in die Hand und lasse die Eigenschaft der Ruhe und Gelassenheit auf dich übertragen ...

Wenn du willst, kannst du auch dein Getränk damit aufladen und dann diese Eigenschaft noch mehr in dich aufnehmen, indem du sie trinkst.

Dazu brauchst du nur den Stein neben dein Getränk legen und 1 bis 2 Minuten warten oder noch besser, du nimmst den Stein in deine linke Hand und das Getränk in die rechte Hand und wartest dann so ein paar Sekunden bis zu einer Minute.

Dein Körper dient dann als Antenne und überträgt die Schwingung auf den Stein, also in diesem Fall das Gefühl von Ruhe und Gelassenheit sowohl auf dich als auch auf dein Getränk. Dankend nimmst du den Stein in deine Hand und willst ihn von nun an bei dir tragen, um ihn immer griffbereit zu haben, wenn du ihn brauchst ...

Nun reicht dir dein naturverbundener Helfer noch einen weiteren Stein, diesmal ist es ein grüner Glasstein. Er sagt, dies ist der Stein der Heilung. Er vermag alles zu heilen, was gerade krank ist.

So kannst du ihn für die körperliche Heilung verwenden, wenn du zum Beispiel mal Schmerzen hast oder dich irgendwie anders krank fühlst und du kannst ihn auch für die seelische Heilung verwenden, wenn du dich von innen her schlecht fühlst.

Du kannst ihn sogar zur geistigen Heilung verwenden, wenn du mal schlecht über etwas denken solltest und du dich dann blockiert oder irgendwie negativ fühlst.

Dann nimm diesen grünen Stein der Heilung in die Hand und lade dich mit den Schwingungen der Heilung auf. Lasse die Energien dann in dich fließen und im Idealfall lädst du auch dein Getränk damit auf und nimmst so diese Heilenergie auch in dein Inneres auf. So kann sich die Wirkung voll entfalten und schon sehr schnell wird es dir wieder besser gehen. Auch diesen Stein nimmst du nun dankend an und bist froh darüber, dass dir dein geistiger Helfer so wertvolle Dinge schenkt …

Jetzt zeigt er auf die rosafarbenen und roten Glassteinchen und sagt, dies sind die Steine der Liebe. Suche dir einen aus und trage auch diesen Stein bei dir. Denn die Liebe kann jedes Wesen so gut gebrauchen und so möchte ich dir heute auch diese wundervolle Eigenschaft schenken und mit auf deinen weiteren Weg geben. So hast du diese Schwingung der Liebe bei dir und kannst von nun an alles mit den Augen der Liebe betrachten und das Gefühl des Geliebt Seins empfangen und auch weitergeben.

So trägst du wieder aktiv die Eigenliebe in dir und auch die Liebe zu anderen Menschen. Du betrachtest jetzt die Dinge und Menschen aus deinem Herzen heraus und wirst viel Positives und Herzliches in deinen Tag ziehen und es genießen, in dieser herrlichen Liebesschwingung zu sein.

Dankend suchst du dir jetzt deinen persönlichen Stein der Liebe aus und nimmst ihn zusammen mit den anderen beiden Steinen jetzt mit.

Denn es wird nun Zeit, dich von deinem naturverbundenen Helfer zu verabschieden. Noch einmal sagst du, danke für die wundervollen Geschenke und machst dich dann auf den Rückweg …

Du wanderst wieder durch die Landschaften, bis du dann schließlich wieder an der goldenen Treppe stehst, die dich hinauf und zurück in die Hütte bringt …

Nun kannst du auch aus der Hütte wieder herausgehen und dich wieder auf dem Weg von vorhin befinden, nur mit dem Unterschied, dass du nun die 3 wertvollen Steine mit ihren Eigenschaften bei dir trägst …

3. Den Engel der Liebe beauftragen (für Frauen)

Sich wieder verlieben, den richtigen Partner ins Leben holen für eine wundervolle Partnerschaft.

Der Text wurde für Frauen geschrieben, die einen Mann suchen.

Folgende Informationen werden für diesen Text benötigt: Die Eigenschaften, die der Partner möglichst haben soll. Also z. B. Single, groß, tierlieb, kinderlieb, treu, romantisch oder Ähnliches, was einem halt wichtig erscheint. Die erfragten Informationen kannst du direkt in diesen Hypnosetext bei ____ einbauen.

***** **Hypnose** *****

Du möchtest dich gern wieder verlieben und eine schöne wundervolle Partnerschaft führen. Dazu unternimmst du heute eine Reise zu dem Engel der Liebe, um ihm den Auftrag zu geben, dir dabei zu helfen, den für dich passenden Partner zu finden.

Einen Mann, der genau richtig für dich ist, um dieses schöne Ziel zu verwirklichen ...

Und da der Engel schon auf deinen Besuch wartet, beginnst du einmal, ins Engelreich zu schweben.

Im Reich der Engel gibt es sehr viele Engel, die alle möglichen Aufgaben haben. Da sind zum Beispiel auch die Schutzengel, die auf den jeweiligen Menschen aufpassen und noch viele andere Engel mehr. Und natürlich auch dein persönlicher Engel der Liebe, der dir zugeteilt ist und nur für dich da ist, wenn du ihn darum bittest.

Und so schwebst du also im Engelreich umher und landest schließlich in einem großen, rosafarbenen Saal. Dort ist alles in der zarten Farbe rosa dekoriert. Die Vorhänge, die Möbel, einfach alles. Und auch ein rosafarbener Sessel steht dort für dich schon bereit ...

Du nimmst also Platz und machst es dir bequem. Da kommt auch schon ein kleines Engelchen vorbei und reicht dir eine Kristallkugel, in die du nun neugierig hinein schaust ...

Allmählich machen sich dort Worte und ganze Sätze sichtbar. Es sind deine Gedanken, erklärt das kleine Engelchen. Das, was du in Bezug zur Liebe und Partnerschaft denkst. Und so siehst du nun vielleicht ganz viele Gedanken, weil du so einiges über die Liebe und zum Thema Beziehung denkst.

Vielleicht sind aber auch nur wenige Worte oder Sätze zu lesen, weil jetzt nur das Wichtigste davon in dieser Kugel sichtbar wird.

Vielleicht ist es sogar nur ein einziges Wort oder nur ein einziger Gedanke, eben der, der momentan der Wichtigste zu sein scheint.

Schau es dir an, was dort geschrieben steht. Und solltest du nichts erkennen, dann reicht es auch, wenn du deine Hände fest auf die Kugel legst und es einfach nochmal in dein Inneres fließen lässt.

Denn dein Unterbewusstsein versteht ganz genau, worum es geht und kann dir auch helfen, die helfenden Gedanken noch zu unterstützen und die weniger helfenden so zu verwandeln, dass sie dir helfen, deine Liebe zu finden, um dann eine Partnerschaft für dich daraus entstehen zu lassen ...

Denn zuerst ist immer der Gedanke da, dann folgt erst handeln und schließlich das Ergebnis.

Und so könntest du ja schon mal an deinen Wunschpartner denken und wie schön es jetzt wäre, ihn kennenzulernen und natürlich auch lieben zu lernen, sich einander näher zu kommen und sich einfach mal überraschen lassen, wie sich das Verliebtsein zeigt und wie auch der Wunschpartner seine Liebe zu dir zeigt ...

Vielleicht ja auch Gedanken mit Zuversicht und auch wie sich dein Selbstbewusstsein und Selbstvertrauen stärkt.

Denke jetzt einmal für einen Moment nach, welcher Gedanke dir wohl noch helfen könnte, jetzt den richtigen Mann in dein Leben zu ziehen, um dann eine glückliche Phase des Verliebtseins und dann eine treue und liebevolle Partnerschaft zu genießen … …

In der Zwischenzeit ist jetzt auch der Engel der Liebe zu dir gekommen und reicht dir seine Hand. Kommt mit, du bist jetzt soweit, dir deine Welt der Liebe anzuschauen ...

Du greifst nach der Hand und merkst, wie angenehm warm sie sich anfühlt und wie gleichzeitig ein Gefühl von Geliebt Sein und Geborgenheit durch dich strömt. Der Engel lächelt und sagt, dass er dir einen großen Teil der Liebe gerade abgibt, damit du die Liebe, die jetzt in dein Leben kommt, auch annehmen und vor allem auch weitergeben kannst.

Denn Menschen untereinander, die sich lieben, geben und empfangen stets diese Liebe voneinander. So nimm dieses wundervolle Gefühl in dich auf und folge mir ...

Nun kommst du zusammen mit deinem Engel der Liebe auf einer rosafarbenen Wolke in Form eines Herzens an.

Mach es dir bequem in der weichen Wolke und schau nach unten auf deine Welt der Liebe ...

Da bin ja ich, sagst du, als du dich entdeckst. Du siehst, wie du einen Mann kennenlernst. Er ist ______ ***(Eigenschaften nennen)*** ...

Schnell bemerkst du, dass dies dein Wunschpartner, dein Seelenpartner ist ...

Bei ihm fühlst du dich wohl, weil einfach die Chemie zwischen euch stimmt. Und auch er spürt dieses Wohlfühlen, denn du siehst es ihm an und er strahlt es aus. Freundliche Augen und ein Lächeln gebt ihr euch beide. Denn eure Begegnung beginnt mit einem gegenseitigen Geben und Nehmen ...

Er sagt dir und lässt dich auch spüren, dass er gern für dich da ist und dich unterstützt und dass auch du seine Wunschpartnerin bist und er gern mit dir eine Partnerschaft leben möchte. Und so siehst du, wie ihr eine wundervolle Liebesbeziehung mit gegenseitiger Liebe und gegenseitigem Respekt führt ...

Beobachte zusammen mit deinem Engel von hier oben, wie schön das alles ist, was hier in der Welt der Liebe auf dich wartet. Eine liebevolle Beziehung mit gegenseitigem Respekt, Geben und Nehmen und vor allem viel, viel Liebe ...

Beobachte noch eine Weile, was du alles Schönes mit deinem Wunschpartner unternimmst ...

Vielleicht siehst du ja, wie Ihr gemeinsam mit Freunden etwas unternehmt …

Oder auch mal ein Konzert besucht …

Ins Kino geht …

Ein schönes Abendessen, ganz romantisch zu zweit …

Oder auch zusammen in den Urlaub fahrt …

Du hast in diesem Wunschpartner einen ______ ***(Eigenschaften nennen)*** für dein Leben gefunden …

Du genießt es, begehrt und geliebt zu werden und natürlich siehst du auch all die vielen leidenschaftlichen Küsse und Umarmungen, die ihr euch gebt. Und wie er dir immer wieder sagt: Ich liebe dich ...

Auch der Sex mit ihm ist wunderschön und erfüllend. Das Kuscheln, Küssen und alles was zum guten Sex dazugehört, das könnt ihr euch gegenseitig geben und euch in der Gegenwart des anderen einfach total wohlfühlen ...

Du genießt die Zeit mit ihm. Und dann schaue noch ein wenig weiter, was noch alles in der Welt der Liebe auf dich wartet … … …

4. Den Engel der Liebe beauftragen (für Männer)

Sich wieder verlieben, die richtige Partnerin ins Leben holen für eine wundervolle Partnerschaft.

Der Text wurde für Männer geschrieben, die eine Frau suchen.

Folgende Informationen werden für diesen Text benötigt: Die Eigenschaften, welche die Partnerin möglichst haben soll. Also z. B. Single, groß, tierlieb, kinderlieb, treu, romantisch oder Ähnliches, was einem halt wichtig erscheint. Die erfragten Informationen kannst du direkt in diesen Hypnosetext bei ____ einbauen.

***** **Hypnose** *****

Und du möchtest dich gern wieder verlieben und eine schöne wundervolle Partnerschaft führen. Dazu unternimmst du heute eine Reise zu dem Engel der Liebe, um ihm den Auftrag zu geben, dir dabei zu helfen, die für dich passende Partnerin zu finden.

Eine Frau, die genau richtig für dich ist, um dieses schöne Ziel zu verwirklichen ...

Und da der Engel schon auf deinen Besuch wartet, beginnst du einmal, ins Engelreich zu schweben.

Im Reich der Engel gibt es sehr viele Engel, die alle möglichen Aufgaben haben. Da sind zum Beispiel auch die Schutzengel, die auf den jeweiligen Menschen aufpassen und noch viele andere Engel mehr. Und natürlich auch dein persönlicher Engel der Liebe, der dir zugeteilt ist und nur für dich da ist, wenn du ihn darum bittest.

Und so schwebst du also im Engelreich umher und landest schließlich in einem großen, rosafarbenen Saal. Dort ist alles in der zarten Farbe rosa dekoriert. Die Vorhänge, die Möbel, einfach alles. Und auch ein rosafarbener Sessel steht dort für dich schon bereit ...

Du nimmst also Platz und machst es dir bequem. Da kommt auch schon ein kleines Engelchen vorbei und reicht dir eine Kristallkugel, in die du nun neugierig hinein schaust ...

Allmählich machen sich dort Worte und ganze Sätze sichtbar. Es sind deine Gedanken, erklärt das kleine Engelchen. Das, was du in Bezug zur Liebe und Partnerschaft denkst. Und so siehst du nun vielleicht ganz viele Gedanken, weil du so einiges über die Liebe und zum Thema Beziehung denkst.

Vielleicht sind aber auch nur wenige Worte oder Sätze zu lesen, weil jetzt nur das Wichtigste davon in dieser Kugel sichtbar wird.

Vielleicht ist es sogar nur ein einziges Wort oder nur ein einziger Gedanke, eben der, der momentan der Wichtigste zu sein scheint. Schau es dir an, was dort geschrieben steht.

Und solltest du nichts erkennen, dann reicht es auch, wenn du deine Hände fest auf die Kugel legst und es einfach noch mal in dein Inneres fließen lässt.

Denn dein Unterbewusstsein versteht ganz genau, worum es geht und kann dir auch helfen, die helfenden Gedanken noch zu unterstützen und die weniger helfenden so zu verwandeln, dass sie dir helfen, deine Liebe zu finden, um dann eine Partnerschaft für dich daraus entstehen zu lassen ...

Denn zuerst ist immer der Gedanke da, dann folgt erst handeln und schließlich das Ergebnis.

Und so könntest du ja schon mal an deine Wunschpartnerin denken und wie schön es jetzt wäre, sie kennenzulernen und natürlich auch lieben zu lernen, sich einander näher zu kommen und sich einfach mal überraschen lassen, wie sich das Verliebtsein zeigt und wie auch deine Wunschpartnerin ihre Liebe zu dir zeigt ...

Vielleicht ja auch Gedanken mit Zuversicht und auch wie sich dein Selbstbewusstsein und Selbstvertrauen stärkt.

Denke jetzt einmal für einen Moment nach, welcher Gedanke dir wohl noch helfen könnte, jetzt die richtige Frau in dein Leben zu ziehen, um dann eine glückliche Phase des Verliebtseins und dann eine treue und liebevolle Partnerschaft zu genießen ... ...

In der Zwischenzeit ist jetzt auch der Engel der Liebe zu dir gekommen und reicht dir seine Hand. Kommt mit, du bist jetzt soweit, dir deine Welt der Liebe anzuschauen ...

Du greifst nach der Hand und merkst, wie angenehm warm sie sich anfühlt und wie gleichzeitig ein Gefühl von Geliebt Sein und Geborgenheit durch dich strömt.

Der Engel lächelt und sagt, dass er dir einen großen Teil der Liebe gerade abgibt, damit du die Liebe, die jetzt in dein Leben kommt, auch annehmen und vor allem auch weitergeben kannst.

Denn Menschen untereinander, die sich lieben, geben und empfangen stets diese Liebe voneinander. So nimm dieses wundervolle Gefühl in dich auf und folge mir ...

Nun kommst du zusammen mit deinem Engel der Liebe auf einer rosafarbenen Wolke in Form eines Herzens an.

Mach es dir bequem in der weichen Wolke und schau nach unten auf deine Welt der Liebe ...

Da bin ja ich, sagst du, als du dich entdeckst. Du siehst, wie du eine Frau kennenlernst. Sie ist ______ ***(Eigenschaften nennen)*** ...

Schnell bemerkst du, dass dies deine Wunschpartnerin, deine Seelenpartnerin ist ...

Bei ihr fühlst du dich wohl, weil einfach die Chemie zwischen euch stimmt. Und auch sie spürt dieses Wohlfühlen, denn du siehst es ihr an und sie strahlt es aus. Freundliche Augen und ein Lächeln gebt ihr euch beide. Denn eure Begegnung beginnt mit einem gegenseitigen Geben und Nehmen ...

Sie sagt dir und lässt dich auch spüren, dass sie gern für dich da ist und dich unterstützt und dass auch du ihr Wunschpartner bist und sie gern mit dir eine Partnerschaft leben möchte. Und so siehst du, wie ihr eine wundervolle Liebesbeziehung mit gegenseitiger Liebe und gegenseitigem Respekt führt ...

Beobachte zusammen mit deinem Engel von hier oben, wie schön das alles ist, was hier in der Welt der Liebe auf dich wartet. Eine liebevolle Beziehung mit gegenseitigem Respekt, Geben und Nehmen und vor allem viel, viel Liebe ...

Beobachte noch eine Weile, was du alles Schönes mit deiner Wunschpartnerin unternimmst ...

Vielleicht siehst du ja, wie Ihr gemeinsam mit Freunden etwas unternehmt …

Oder auch mal ein Konzert besucht …

Ins Kino geht …

Ein schönes Abendessen, ganz romantisch zu zweit …

Oder auch zusammen in den Urlaub fahrt …

Du hast in dieser Wunschpartnerin eine ______ ***(Eigenschaften nennen)*** für dein Leben gefunden …

Du genießt es, begehrt und geliebt zu werden und natürlich siehst du auch all die vielen leidenschaftlichen Küsse und Umarmungen, die ihr euch gebt. Und wie sie dir immer wieder sagt: Ich liebe dich ...

Auch der Sex mit ihr ist wunderschön und erfüllend. Das Kuscheln, Küssen und alles was zum guten Sex dazugehört, das könnt ihr euch gegenseitig geben und euch in der Gegenwart des anderen einfach total wohlfühlen ...

Du genießt die Zeit mit ihr. Und dann schaue noch ein wenig weiter, was noch alles in der Welt der Liebe auf dich wartet … … …

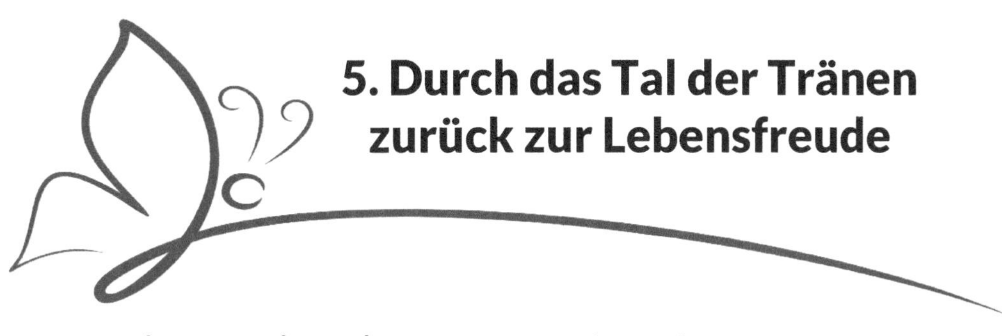

5. Durch das Tal der Tränen zurück zur Lebensfreude

Trauer bzw. schon länger traurig sein.

***** **Hypnose** *****

Deine heutige Reise beginnt an einem großen Fluss. Am Rand siehst du ein Floß mit einem Floßführer. So kannst du jetzt den Fluss überqueren. Du begibst dich darauf und der Floßführer setzt ab und das Floß beginnt zu treiben ...

Ganz ruhig und sachte gleitet es über das Wasser. Du fragst den Floßführer, warum denn hier so viel Wasser ist, dass man ein Floß braucht, um auf die andere Seite zu kommen. Er sagt: ja, früher war das mal anders, da war es ein kleines Bächlein und man konnte bequem zu Fuß hinüber gehen. Doch inzwischen gibt es so viel Traurigkeit unter den Menschen, dass das Wasser durch die vielen geweinten Tränen gestiegen ist.

Man nennt die Landschaft daher nun auch Tal der Tränen. Einerseits sei es gut, denn das Wasser bewässert die Gegend und es kann viel Neues wachsen und entstehen, doch es reicht aus, wenn die Leute nur für eine Weile traurig sind und dann wieder fröhlich werden, um sich dann auch an den schönen Dingen zu erfreuen.

Aber einige haben viel länger diese Traurigkeit in sich und daher ist das Wasser hier angestiegen und wir brauchen nun ein Floß …

Du siehst auch traurig aus, geht es dir ähnlich wie den anderen Menschen, die schon zu viel der Traurigkeit in sich tragen, als es eigentlich gut für sie ist?

Etwas verlegen schaust du zu Boden und nickst und schließlich rollt dir eine Träne herunter und fließt in den Fluss. Der Floßführer kommt nun einen Schritt näher und lächelt.

Dann zeigt er auf die vielen Luftblasen, die sich im Fluss befinden. Es sind die traurigen Gedanken, die die Leute haben und in den Luftblasen steckt der Gedanke fest und dann werden die Leute noch trauriger und müssen schließlich weinen.

Hier komm, nimm einen Stock und bringe die Luftblasen zum Platzen und befreie die Person von diesen Gedanken. Du nimmst den Stock und pikst in eine der vorbeischwimmenden Luftblasen hinein. Sie platzt und ein kleiner Lufthauch entweicht nach oben. Gut, sagt der Floßführer, den Gedanken hast du gerade befreit …

Nachdenklich geworden fragst du, ob du auch deine eigenen Gedanken befreien kannst. Klar, sagt der Floßführer. Welche Farbe verbindest du denn mit deiner Traurigkeit? Dann achte genau auf die Luftblasen, die in dieser Farbe sind.

Das sind dann deine Gedanken der Traurigkeit und dann pikst du da hinein und befreist dich davon.

Und tatsächlich, jetzt bemerkst du ein paar der Luftblasen, die diese Farbe haben und du beginnst, sie zum Platzen zu bringen ...

Nach einer Weile sind alle Luftblasen weg, denn auch die restlichen, die jetzt vielleicht noch da sind, platzen auf einmal ganz von alleine, weil sie merken, dass sich hier gerade etwas verändert und sie gehen können ...

Inzwischen ist das Floß auch auf der anderen Seite angekommen und legt am Uferrand an. Wir sind drüben angekommen, du kannst jetzt absteigen und das Tal der Tränen hinter dir lassen, denn hier auf dieser Seite ist das Tal der neu gewonnenen Lebensfreude.

Ich fühle mich aber noch gar nicht fröhlich, sagst du, als du deinen Fuß wieder auf den festen Landboden setzt. Das kommt noch, du bist ja gerade erst angekommen. Folge einfach weiter dem Flusslauf, bis du zu einem großen See kommst. Es ist der See der Verwandlung. Da setzt du dich hin und wartest ab, was geschieht. Gesagt, getan! Du gehst los und folgst dem Fluss ...

Nachdem du eine Weile so gegangen bist, da entdeckst du den See und machst es dir dort jetzt einmal bequem. Du wartest.

Auf einmal spürst du die Anwesenheit von jemandem und eine Stimme ruft. Ich bin dein Helfer, der dir jetzt hilft, die traurigen Gefühle loszulassen und zurück zur Freude zu finden.

Du schaust dich um, wer da ist und du entdeckst einen kleinen Elf, der dich freundlich anschaut. Dann kommt er näher und überreicht dir eine Holzkiste.

Die ist ja leer, sagst du erstaunt. Ja natürlich, denn da soll doch dein Gefühl der Traurigkeit hinein und alles, was dich belastet oder stört. Komm, ich helfe dir dabei.

Du hast auf deiner Haut einen unsichtbaren Reißverschluss und den mache ich jetzt mal kurzfristig sichtbar. Dann kannst du den öffnen und in dich hineingreifen oder ich mache das für dich und dann wird alles herausgeholt, was negativ für dich ist oder dich auch so traurig macht.

Dann packen wir es in die Kiste und verschließen sie gut. Gesagt, getan! Du bemerkst auch schon den Reißverschluss auf deiner Haut und öffnest ihn ...

Dann greifst du hinein und holst die Traurigkeit heraus und packst sie in die Kiste …

Nun kommt auch der Elf und schaut noch mal nach, ob auch wirklich alles draußen ist und wenn er noch Reste findet, nimmt er diese und packt sie ebenfalls in die Kiste ...

Nun gibt er dir ein grünes Licht der Heilung und verschließt den Reisverschluss wieder und macht ihn dann auch wieder unsichtbar …

Das grüne Licht ist das Licht der Heilung. Es heilt jetzt deinen Körper, deinen Geist und deine Seele und dann wirst du dich von Minute zu Minute besser fühlen. Denn die Heilung vollzieht sich …

Und die Kiste wird nun fest verschlossen mit einem Eisenschloss und einer Kette herum ...

Dann setzt du die Kiste auf die Wasseroberfläche und ein Windhauch erzeugt eine Welle, die die Kiste zur Mitte des Sees treibt. Dort beginnt sie dann, allmählich nach unten zu sinken …

Der Elf sagt, dass sie sich dort mit der Zeit auflöst, weil im Wasser eine positive Energie ist und alles wieder in die Ursprungsliebe zurück verwandelt.

Aufgefüllt mit dem grünen Licht der Heilung, gehst du nun weiter und spürst mit jedem Schritt die Verwandlung in dir.

Es wird dir jetzt von Stunde zu Stunde und von Tag zu Tag immer besser gehen und die Lebensfreude kehrt zurück, während die Traurigkeit fort ist ...

Und du kannst jederzeit in deiner Vorstellung erneut die Reise zu dem See unternehmen und dir von dem Elf helfen lassen, die negativen Gefühle zu verwandeln und dich mit dem grünen Licht der Heilung und Lebensfreude auffüllen und so gelingt es dir, von Reise zu Reise immer leichter die neu gewonnene Lebensfreude zuzulassen, zu spüren und das Leben wieder zu genießen ...

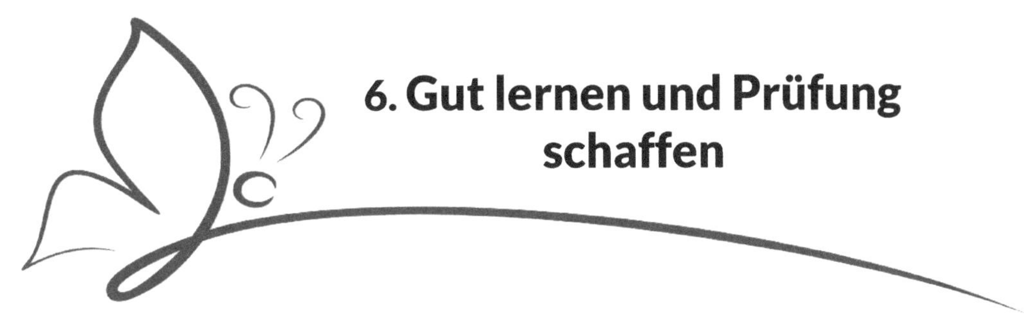

6. Gut lernen und Prüfung schaffen

Jede Art von Prüfung, die ansteht (Abi, Führerschein, Ausbildung u. Ä.). Außerdem für alle, die sich einen Lernstoff, also Wissen besser merken möchten, ihr Gedächtnis steigern und Freude am Lernen haben möchten.

***** Hypnose *****

Lerne und bereitet dich auf deine Prüfung vor. Du wirst es schaffen. Es fällt dir leicht zu lernen und das Wissen auch zu behalten. Glaube, dass du es schaffst und du wirst es schaffen.

Es wäre doch schön, wenn du die Prüfung bestehen würdest. Ja, denkst du, das wäre wirklich schön, meine Prüfung zu bestehen und mein Ziel zu erreichen. Und weil es so schön wäre, kannst du dir nun die Erlaubnis geben, deine Gedanken zu verändern. So zu verändern, dass du mit Leichtigkeit lernen kannst und alles Wissen abrufbar hast und dann die Prüfung sehr gut bestehst ...

Der erste Schritt ist, deine Gedanken zu verändern bzw. dich auf dein Zielbild eines Menschen, der seine Prüfung geschafft hat, zu programmieren.

Das ist ganz leicht, du wirst schon sehen. Dazu nutzen wir zunächst einmal deine Fantasie.

In deiner Fantasie kannst du dir alles vorstellen und sicherlich hast du dir schon oft etwas vorgestellt, wie etwas sein wird oder dich schon vorher auf etwas gefreut, wie z. B. eine Urlaubsreise oder ein Treffen. Und so kannst du auch jetzt in deiner Vorstellung einmal in die Prüfungssituation gehen. Stell dir vor, wie es sein wird. Wer wird anwesend sein?

Stelle es dir einfach mal vor. Entwerfe in deiner Fantasie ein Bild davon, wie es sein könnte …

Doch nun gehe noch einen Schritt weiter. Sieh dich, wie du sicher und selbstbewusst in der Prüfung bist. Wie du ruhig und gelassen all dein Wissen zur Verfügung hast und es wiedergeben bzw. anwenden kannst …

Wie du alles meisterst, was von dir verlangt wird. Fühle einmal hinein in die Situation der Prüfung und wie ruhig, gelassen und selbstbewusst und sicher du dich dabei fühlst ...

Denn du weißt ja alles, kannst dich an all das Gelernte ganz einfach erinnern. Du kannst es und du schaffst es …

Zum Abschluss dieses Bildes gehe einmal in das Ende der Prüfung, zu dem Teil, an dem man dir gratulieren wird, dass du es geschafft hast.

Vielleicht schüttelt man deine Hand oder überreicht dir eine Urkunde oder etwas Ähnliches.

Stelle dir einfach das vor, was dann geschehen wird, wenn du die Prüfung geschafft hast …

So wird es sein und du konntest dich schon jetzt in diese Situation hineinversetzen und spüren, wie es sich anfühlt, es geschafft zu haben. Vielleicht konntest du zu den Bildern auch Worte der Gratulation hören oder andere anerkennende Worte. Vielleicht siehst du ja auch Freunde und Verwandte, die jetzt noch zu dir ins Bild kommen und dich beglückwünschen, dass du deine Prüfung so gut geschafft hast.

Ja vielleicht fragen dich einige auch, wie es möglich war, dass dir alles so leicht fiel und du so ruhig und gelassen dabei warst …

Du weißt, wie es möglich war. Denn du ganz alleine hast es geschafft, diese Verbesserung in dir, in deinen Gedanken zu vollziehen, sodass es möglich war, es auch im Außen so zu verändern, dass diese tolle Erfahrung, die Prüfung so leicht zu bestehen, möglich war.

Und jetzt, da du dich bereits mit dem Beweis der bestandenen Prüfung gesehen und intensiv hinein gespürt hast, wie es sich anfühlt, die Prüfung zu meistern und sehr gut zu bestehen, da wird etwas Wunderbares passieren.

Dein Unterbewusstsein kann die Vorstellung als Realität anerkennen, da es weder Traum noch Wirklichkeit unterscheiden kann.

Für das Unterbewusstsein entsprechen alle Bilder der Wahrheit. Und so ist es gerade zu deiner Wahrheit geworden, mit Leichtigkeit zu lernen und die Prüfung sehr gut zu bestehen ...

Und so ist der erste Schritt schon getan. Du hast deine Gedanken verändert und dir erlaubt, dieses Ziel zu erreichen und nun wird es im Außen noch folgen. Dein Unterbewusstsein wird auf seine Art und Weise an der Verwirklichung deines Zieles arbeiten und jetzt einen Weg finden oder auch schon längst gefunden haben. Das ist ganz leicht.

So leicht, wie es eben in deiner Vorstellung schon war. Die Gedanken haben sich schon verändert ...

Du weißt nun, dass du dein Ziel erreichen wirst. Du kannst lernen und dir alles merken und jederzeit wieder abrufbar haben und so ganz leicht die Prüfung bestehen. Du hast es in Gedanken schon gesehen. Für dein Unterbewusstsein ist das die Wahrheit und somit auch deine Wahrheit, die nun Wirklichkeit wird. Spätestens jetzt hat die Veränderung begonnen ...

Und alles, was du gleich noch hören wirst, ist wahr und du willst die Worte genau befolgen, denn es ist wie dein eigener Wunsch.

Es wird sich alles tief und fest in dir einprägen und auch nach der Hypnose weiter wirken und du wirst merken, dass es ganz leicht sein wird, vielleicht leichter als du im Moment noch denkst.

Du hörst meine Stimme die ganze Zeit sehr klar und deutlich und egal, ob du dabei einschläfst oder wach bleibst, dein Unterbewusstsein wird alle Worte, Bilder und Gefühle wahrnehmen und entsprechend reagieren. Vertraue darauf, dass du geführt wirst. Öffne dich für meine Stimme, die dich als Freund zu einem optimalen Gedächtnis führt. Ja, du bist jetzt soweit und bereit dafür, auf einfache und leichte Weise dein Gedächtnis zu steigern …

Sage dir innerlich nun: Ja ich bin soweit, auf leichte Art zu lernen und mir alles merken zu können, um es dann immer, wenn ich es brauche, abrufen zu können …

Dein Unterbewusstsein öffnet sich nun dafür, dass es geschieht und den besten Weg für dich findet oder auch schon längst gefunden hat. Glaube mir, lernen und ein super Gedächtnis zu haben, ist ganz leicht.

Denn das Lernen und deine Gedächtniszellen mit Hypnose zu verbessern, ist ein ganz wirksames Programm, das du tief über dein Unterbewusstsein aufnimmst und so wirst du von Tag zu Tag immer mehr von deinem Wissen behalten können und die Freude am Lernen entdecken …

Und jetzt gehe noch einmal tief in dein Inneres hinein. Spüre in dich hinein und finde auf deine Art einen Weg zu deinem inneren Wissensspeicher, deinen Erinnerungen.

Dort, wo du alles bisher Erlebte und Gelernte abgespeichert hast. Wo du alle Informationen wiederfinden kannst …

Und wenn du dort jetzt angekommen bist, dann schaue einmal, auf welche Weise du hier alles für dich abspeicherst. Sind es vielleicht lose Zettel oder alles fein säuberlich in Akten abgeheftet oder ist es schon so modern, dass du eine innere Festplatte ähnlich deinem Computer hast, auf die du jederzeit zugreifen kannst? ...

Was auch immer es ist und du hier siehst, es ist deine Art, dein Wissen abzuspeichern und du kannst hier jederzeit etwas ändern, neu sortieren und Wichtiges nach vorne holen und anderes, was unwichtiger geworden ist, in den hinteren Winkeln verstauen.

Mache es so, dass du dich gut zurechtfindest und alles, was für dich zurzeit sehr wichtig ist, nach vorne holst. So hast du dann noch schneller Zugriff darauf …

Du kannst das jetzt dein Unterbewusstsein für dich erledigen lassen, während du weiter gut hinhörst oder aber nachher, wenn du schläfst.

Dein Unterbewusstsein bekommt jetzt den Auftrag, alles so zu sortieren, dass du auf alle Informationen, die du vor allem für die Prüfung brauchst, einen schnellen Zugriff bekommst. Vertraue darauf, dass dein Unterbewusstsein das perfekt für dich erledigt ...

Und nun wird es Zeit, durch die 7 Räume deiner Entwicklung zu wandern. Als Erstes ist da der weiße Raum. Hier geht es um Reinigung und loslassen.

Du entscheidest dich, hier in diesem weißen Entwicklungsraum, Möglichkeiten zu erkennen, wie du dich von altem Ballast befreien kannst und hinderliche Denkblockaden oder sonstige Hindernisse loslassen kannst.

Auch eventuelle Ängste vor der Prüfung kannst du hier loslassen. Und auch wenn du nicht aufhören kannst, dich ängstlich zu fühlen, liebst und akzeptierst du dich, so wie du bist und entscheidest, dich ruhiger und gelassener zu fühlen, egal was auch immer ist und du findest in jeder Situation das Positive und kannst dann viel gelassener mit den Herausforderungen umgehen. Dein Geist ist stets klar und frei. Du bist intelligent und kannst lernen. Du lässt jetzt all deinen Stress los, der mit deiner Fähigkeit zu lernen, verbunden ist.

Du lässt auch den ganzen Druck los, der mit deinen Lehrern und dem Thema Lernen zu tun hat ...

Mit dem Gefühl, nun alles Störende losgelassen zu haben, gehst du weiter in den nächsten Raum deiner Entwicklung. Er ist lila und es ist der magische Raum, in dem du nun alles erneut verwandeln und auch nochmals loslassen kannst.

Du kannst deinen Geist nun neu programmieren und dich auf eine schöne Zeit freuen, in der du leicht lernen, dir alles merken kannst und sofort abrufbar hast, wenn du es brauchst.

Und obwohl du vielleicht glaubst, nicht gut genug zu sein, dass du es nicht verdient hast, ein supergutes Gedächtnis zu haben und es auch nicht wert bist, die Prüfung zu schaffen, liebst und akzeptierst du dich jetzt so, wie du bist und beginnst zu erkennen, dass es auch deine Natur ist, ein perfektes Gedächtnis zu haben und die Prüfung zu bestehen.

Alle Blockaden, Sabotagemuster und Ängste, die in Verbindung mit deinem Lernen und Gedächtnis stehen, kannst du nun loslassen und erlaubst dir, die Prüfung mit Bravour zu meistern.

Mit jedem Ein- und Ausatmen lässt du los und alles Negative und Hinderliche, welches im Zusammenhang mit deinem Lernen und Gedächtnis steht, löst sich auf und verschwindet.

Dein tiefes Inneres lässt inzwischen schon neue Gedanken entstehen.

Als Ersatz nimmst du nun Freude am Lernen, eine gesteigerte Konzentrationsfähigkeit und ein gesteigertes Gedächtnis auf und weißt, dass du es verdient hast, die Prüfung hervorragend zu meistern. Selbstbewusst, sicher und gut vorbereitet gehst du in die Prüfung und schaffst es ...

Wiederhole nun leise in deinen Gedanken: ja, ich schaffe das und ich glaube zu 100 % daran, dass ich das kann ...

Ich verdiene es, ich bin wertvoll und gut genug ...

Ich bin bereits auf dem Weg und meine Gedächtniszellen verbessern sich ...

Ich kann mir alles Gelernte merken und sofort abrufen, wenn ich es brauche ...

Es ist ganz leicht für mich, zu lernen und mein Wissen abzuspeichern ...

Und mein Unterbewusstsein sortiert alles Wichtige an Informationen so, dass ich einen schnellen Zugriff darauf habe ...

Du gewinnst auch an Mut, Stärke und Selbstbewusstsein. Befreit gehst du nun in deinen blauen Entwicklungsraum. Hier geht es um deine Leichtigkeit, Sicherheit, Freiheit und Treue zum Lernen ...

Dein Geist ist für neue Ideen offen und aufnahmebereit. Vielleicht hast du ja schon eine Idee, wie du schnell und einfach lernen kannst. Wie du das Wissen mit Leichtigkeit aufnehmen kannst, um es dann in deinem persönlichen Wissensspeicher jederzeit zur Verfügung zu haben. Du kannst also dein Wissen jederzeit ganz leicht wiedergeben.

Du lernst gerne und das Lernen macht dir Spaß. Du findest es auch einfach, zu lernen. Es ist in Ordnung für dich, deine Intelligenz zu zeigen.

Und wenn du den Prüfungsraum betrittst, sei darauf neugierig, wie dein Unterbewusstsein für dich arbeitet und dein Wissen ganz tief in dir aktiviert und schrittweise für dich bereitstellt. An einer Prüfung oder aktiv am Unterricht teilzunehmen, gibt dir die Gelegenheit, dein Abrufen von Informationen zu üben.

Du bist nun komplett auf den Unterricht und die Prüfungen vorbereitet. Die Kunst, eine Prüfung zu bestehen, ist zu wissen, was der Prüfer bzw. der Lehrer will.

Du siehst nun sehr klar, welche Antworten gewünscht werden. Klar und deutlich weißt du, was mit den Fragen gemeint ist, wenn du diese liest oder hörst. Alle Fragen sind klar gestellt und du weißt eine Antwort darauf.

Du bist ganz ruhig, wenn du eine Prüfung machst, ganz ruhig, wenn dich der Prüfer etwas fragt, denn du weißt ja nun, dass die Antwort in dir ist, denn du bist immer gut vorbereitet und hast dein Wissen tief in deinem Inneren abgespeichert und kannst es schnell abrufen und in dein Bewusstsein bringen.

Du kannst dich daran erinnern, was du gelernt hast. Du kannst die richtigen Antworten mit Leichtigkeit in dein Gedächtnis zurückholen, denn du hast dich ja vorbereitet.

Du wirst die Prüfung mit einem ruhigen Körper und einem geschärften und wachen Verstand machen ...

In dem Augenblick, in dem du die Fragen in die Hand nimmst bzw. dein Aufgabenblatt erhältst, wirst du ganz ruhig und locker. Du bist sehr ruhig und gelassen. Du fühlst dich sehr sicher, denn du hast ja gelernt und dich vorbereitet. Wenn du die Prüfungsfragen liest, findest du mit Leichtigkeit die richtige Antwort.

Du bist sehr ruhig und gelassen. Du kannst dich an alle Informationen erinnern, die du brauchst. Du nimmst dir eine Frage bzw. Aufgabe nach der anderen vor und dann weißt du, dass du es schaffen kannst. Du bist sicher und ganz locker und gelassen dabei ...

In den nächsten Tagen gehst du noch viel tiefer in dieses neue Gefühl der Sicherheit und Gelassenheit.

Und du kannst dich überraschen lassen, wie es dir mit jedem Tag leichter gelingt, dein Wissen jederzeit und in jeder Situation abzurufen und frei und sicher zu sprechen ...

Von jetzt an kannst du Prüfungen mit guten Ergebnissen bestehen. Du kannst dich klar in einer mündlichen Prüfung ausdrücken. Du bist in der Lage, alle erforderlichen Aufgaben in praktischen Prüfungen ruhig und mit all deinem besten Vermögen zu meistern. Und mit diesem Gefühl der Sicherheit gehst du in den nächsten Entwicklungsraum. Hier findest du deinen grünen Bereich ...

Dein Unterbewusstsein ist in der Lage, die Funktionen deiner Gedächtniszellen zu verbessern. So kann jede Zelle deines Gedächtnisses von nun an alles für dich abspeichern und schnell wieder zur Verfügung stellen, wenn du es brauchst. Es wird so sein, weil du es so willst und an die Wirkung und Hilfe deines Unterbewusstseins glaubst ...

Und weiter geht es zum gelben Raum. Hier durchflutet dich das gelbe Sonnenlicht und bringt dir Klarheit in deine Gedanken. Du kannst dich an alles Gelernte gut erinnern. Es ist wie ein inneres Licht in dir, was dich stets alles an abgespeichertem Wissen erkennen lässt. Du kannst darauf zugreifen, wann immer du es brauchst ...

Und voller Tatendrang gehst du nun weiter in den orangefarbenen Entwicklungsraum.

Das Orange der Energie, die du hier in diesem Raum erhältst, um geistig noch fitter zu sein und deine Gedächtnis-leistung zu verstärken ...

Dein Unterbewusstsein entfaltet nun all seine Kräfte und Möglichkeiten. Du entdeckst jetzt einen vollkommen neuen Weg des Lernens und deiner Gedächtnisleistung, bei dem dich ein angenehmes Gefühl und ein tiefer, innerer Glaube an dein Hypnoseprogramm begleiten.

Du bist tief und fest davon überzeugt, dass dein Hypnoseprogramm wirkt und dich von Tag zu Tag immer mehr auf deine Prüfung vorbereitet, sodass du leicht lernen kannst, dir alles merken und abrufbar hast und vor allem auch selbstbewusster und sicher wirst.

Es ist wissenschaftlich bewiesen, dass Hypnose funktioniert, ich weiß es und du weißt es jetzt auch. Zusammen mit deinem Unterbewusstsein ist es ganz einfach, zu lernen und deine Gedächtnisleistung zu steigern, es ist wirksam und 100 % sicher, dass du jetzt ein perfektes Gedächtnis hast und all dein Wissen, welches du gelernt hast, sofort zur Verfügung hast, wenn du es brauchst.

Von heute an startet dein Geist am Tage und auch während der Schlafphase seine Sortierung im Wissensspeicher, sodass du immer alles zur Verfügung hast, wenn du es brauchst.

Alles, was du lernst, wird nun in deinem Wissensspeicher tief in deinem Inneren abgespeichert und schnell für dich verfügbar gemacht …

Und mit dieser Energie in dir gehst du noch in den letzten Entwicklungsraum. Es ist der rote Raum der Liebe. Hier begegnest du deiner Liebe zu dir und dem Lernen. Du lächelst bei dem Gedanken, in deine Prüfung zu gehen, denn du weißt, wer sich gut vorbereitet, der schafft es auch.

Und da dir das Lernen jetzt so leicht fallen wird und alles Gelernte in deinem Wissensspeicher jederzeit, wenn du es brauchst, für dich abrufbar ist, wirst du gut vorbereitet sein und somit deine Prüfung auch bestehen.

Du verdienst es und bist es wert, deine Prüfung mit Bravour zu bestehen …

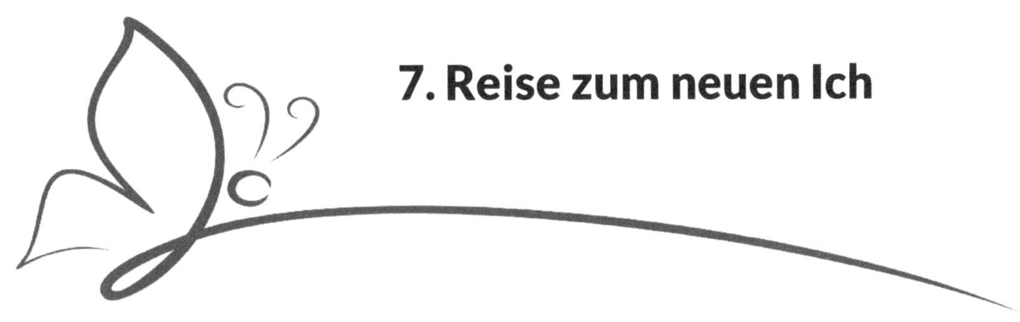

7. Reise zum neuen Ich

Für jegliche Art von Problemen, von denen man sich befreien will.

Folgende Informationen werden für diesen Text benötigt: Eine kurze Angabe, die das Problem beschreibt und die Stichworte oder den Satz, der das gewünschte Ziel genau beschreibt. Die erfragten Informationen kannst du direkt in diesen Hypnosetext bei ____ einbauen.

***** **Hypnose** *****

Du stehst noch am Bahnhof. Du befindest dich am Bahngleis „heutiger Tag“ und wartest auf deinen nächsten Anschlusszug. Und während du wartest, bemerkst du, dass eine Kette um deinen Körper herum befestigt ist. Dein Problem ____ ***(Problem nennen)*** hat diese Kette geschmiedet und engt dich ein. Und so fällt es dir schwer, dich frei zu bewegen …

Jetzt fährt der Zug in den Bahnhof ein und auch wenn es dir schwerfällt, dich frei zu bewegen, weil dich die Kette so einengt, schaffst du es, nun in den Zug einzusteigen.

Im Zug sitzen schon einige Leute und andere haben sich gerade zum Aussteigen entschieden und so findest du jetzt einen schönen Platz am Fenster ...

Deine Reise führt dich vom Bahngleis „heutiger Tag“ zu deinem Ziel. Das Ziel ist dein „Neues Ich“ und so möchtest du gern bis zum Bahnhof „Neues Ich“ mit diesem Zug fahren.

Und schon geht deine Reise los. Der Zug setzt sich in Bewegung und du hast es dir sicherlich schon bequem gemacht ...

Am Fenster hast du eine gute Aussicht und kannst auch den Bahnhof „Neues Ich“ rechtzeitig sehen und dich zum Aussteigen vorbereiten. Doch nun beginnt erst mal deine Reise.

Der Zug fährt in einem ruhigen Tempo durch eine wunderschöne Landschaft. Du reist gerade durch die Landschaft „Vorstellungswelt“.

Und hier in der Vorstellungswelt scheint die Sonne und die Sicht ist klar und frei. Du siehst im Vorbeifahren viele Wiesen, Bäume, Flüsse und Seen. Auch ein paar Berge sind in der Ferne zu erkennen ...

Du lehnst dich in deinem Sitz zurück, die Problemkette nervt dich zwar, doch du weißt ja, dass du auf dem Weg zum „Neuen Ich“ bist und dich davon befreien kannst ...

Gleich müsste auch der Bahnhof „Neues Ich" kommen, denn er liegt genau im Übergang der Landschaft „Vorstellungswelt" und der Landschaft „Wirklichkeit" ...

Und da kannst du ihn auch schon erkennen und spürst, wie der Zug langsamer wird und immer langsamer …

Und schließlich hält er jetzt an ...

Es gibt einige Leute, die hier aussteigen wollen, die das gleiche Ziel haben wie du. Und so steigen all diese Leute und natürlich auch du jetzt aus ...

Der Bahnhof ist ganz schön groß. Du dachtest, er wäre kleiner. Als du aber siehst, wie viele Leute sich hier aufhalten, verstehst du, warum dieser Bahnhof so groß sein muss.

Außerdem ist er ja nur ein Zwischenschritt auf dem Weg zu deinem „Neuen Ich" und so schaust du dich noch weiter um ...

Und dann atmest du einmal tief ein und aus …

Jetzt bemerkst du, dass du dabei die Kette aus deinem Problem ___ ***(Problem nennen)*** sprengst. Die Problemkette fällt runter … und du atmest wieder vollkommen frei und leicht …

Inzwischen ist eine Person mit einem Recycling Sammelbehälter neben dir aufgetaucht und öffnet den Deckel, damit du nun die Problemkette, die in Einzelteilen vor dir liegt, in den Recyclingbehälter packen kannst ...

Du weißt, dein Problem ist nun in guten Händen.
Und du konntest dich gerade davon verabschieden. Die Recyclingfirma macht etwas Neues und Schönes daraus. Und spüre jetzt einmal, wie du leicht und frei atmest, weil die Problemkette jetzt weg ist ...

Jetzt kommt noch jemand auf dich zu und reicht dir einen Vertrag. Es ist ein Vertrag zum neuen Leben. Und wie du sicherlich schon einige Verträge in deinem Leben gemacht und dann auch erfüllt hast, machst du nun einen ganz besonderen Vertrag mit dir selbst.

Es ist ein Vertrag mit deinem Unterbewusstsein. Und in diesem Vertrag vereinbarst du, dass du dich für immer von dem Problem löst ...

Unterschreibe nun diesen Vertrag und gehe diese Verpflichtung mit dir selbst ein. Dass du nun auf dich und dein „Neues Ich“ achtest. Dass du nun ____ ***(Ziel nennen)*** ...

Dazu reicht dir die Person jetzt einen magischen Spiegel und sagt: schau hinein, dort wirst du sehen, wie sich alles verbessern wird, wie du jetzt dein „Neues Ich“ annimmst und es genießt, diese Verbesserung erreicht zu haben ...

Sieh dir an, wie du mit dem „Neuen Ich“ nach deinem Vertrag und mit deiner Zielerreichung lebst ...

Und nun wird es Zeit, weiter zu gehen und du siehst eine Tür, auf der steht „Übergang in die Wirklichkeit“. Durch diese Tür gelangst du von der Vorstellungswelt in die Wirklichkeit ...

Du erinnerst dich, dass ja der Bahnhof „Neues Ich“ gerade noch in der Landschaft „Vorstellungswelt“ war und nah an der Wirklichkeit. Du bist etwas unsicher, weil du gern dein Ziel ___ ***(Ziel nennen),*** wie du es in dieser Vorstellungswelt gesehen hast, behalten möchtest und hast Angst, dass es in der Landschaft Wirklichkeit wieder anderes ist.

Doch beruhige dich. Dein Vertrag gilt natürlich auch in der Wirklichkeit. Man kann jederzeit wählen, ob man in der Vorstellungswelt ist oder in der Wirklichkeit und beides liegt sehr nah beieinander. Man kann auch Gedanken und Gefühle aus der Vorstellungswelt mit in die Wirklichkeit nehmen, sodass es sich auch dort verändern kann ...

Man auch dort das Ziel ___ ***(Ziel nennen)*** erreichen und vor allem behalten kann. Es ist deine Wahl, wie lange du in der Vorstellungswelt bleiben willst und wie oft du die Vorstellungswelt durch deine Reise besuchen willst.

Wie oft du die Gedankenreise und damit deine Reise in die Vorstellungswelt machen möchtest und wie schnell du damit die Grenze zwischen Vorstellungswelt und Wirklichkeit überschreiten willst und all das Gute, all das Schöne und vor allem dein „Neues Ich" mitnehmen willst ...

Gehe ruhig durch die Tür „Wirklichkeit" und gelange zurück in deine Wirklichkeit, aber denke daran, du kannst alles von hier mitnehmen, wenn du es wirklich willst, wenn es dein Wunsch ist.

Die Gedanken sind frei und so kannst du jederzeit und überall die guten, die positiven und vor allem die hilfreichen Gedanken für dein „Neues Ich" mitnehmen ...

Du kannst in deinen Gedanken überall ____ ***(Ziel nennen)*** sein und dann wird es auch in deiner Wirklichkeit möglich, denn die Gedanken bestimmen letztendlich dein Handeln und dein Unterbewusstsein wird dann alles tun, um die Gedanken ans verbesserte Leben zu deiner Wirklichkeit werden zu lassen, sodass es schon bald oder vielleicht schon jetzt deine Wirklichkeit ist.

Je nachdem wie oft du schon diese Reise in die Vorstellungswelt gemacht hast, wird es leichter und schneller gehen, dein gewähltes Ziel zu erreichen und deinen Vertrag mit dir selbst einzuhalten ...

Es jetzt zu erreichen. Jetzt ___ ***(Ziel nennen)*** sein und ____ ***(Ziel nennen)*** bleiben …

Dein Vertrag für das „Neue Ich“ einzuhalten, für immer einzuhalten.

Und so gehst du nun motiviert durch die Tür, die dich in deine Wirklichkeit führt und nimmst all die Gedanken, Einstellungen und Gefühle vom „Neuen Ich“ mit und überschreitest die Grenze und machst es zu deiner Wirklichkeit, jeden Tag immer wieder und wieder …

Bis du Vorstellung und Wirklichkeit so zusammengebracht hast, dass beides genau gleich ist, du in beiden Bereichen dein „Neues Ich“, dein Ziel, erreicht hast und es auch für immer behalten kannst …

Für immer ___ ***(Ziel nennen)*** und ein Mensch mit einer positiven und gesunden Einstellung zu sich selbst und du gut auf dich achtest …

8. Gewohnheiten verbessern

Jegliche Art von Gewohnheiten (z. B. Nägelkauen, Haare zupfen, Süßigkeiten naschen, Zigaretten rauchen usw.) in neues Verhalten verbessern.

Folgende Informationen werden für diesen Text benötigt: Eine kurze Angabe, welche die Gewohnheit beschreibt, was genau verbessert werden soll, also das alte Verhalten und was das Ziel ist, was man stattdessen tun möchte = das neue gewünschte Verhalten. Die erfragten Informationen kannst du direkt in diesen Hypnosetext bei ____ einbauen.

***** **Hypnose** *****

Du möchtest gern aufhören zu _____ ***(Gewohnheit nennen).***
Glaube mir, damit aufzuhören ist ganz leicht.

Du hast genug Ehrgeiz innerhalb von ein paar Wochen, wenigen Tagen oder sogar heute schon einfach mit dem _____ ***(Gewohnheit nennen)*** aufzuhören und stattdessen _____ ***(Ziel nennen).***

Du hast ein starkes Bedürfnis nach ___ ***(Ziel nennen)*** ...

Alles, was du braucht, ist Motivation, um ___ ***(Ziel nennen)*** zu erreichen und dabei zu bleiben.

Deshalb folge nun meinen Worten. Dein Unterbewusstsein entfaltet nun all seine Kräfte und Möglichkeiten.

Du kannst lernen, alte Gewohnheiten und Einstellungen zu ändern und neue positive Wege zu gehen. Du findest immer besser heraus, was du in einem bestimmten Moment wirklich willst ...

Vielleicht hat dein bisheriges Verhalten einem bestimmten Zweck gedient, vielleicht hat es dir auch geholfen und eine bestimmte Funktion erfüllt, aber ab heute wird dein Unterbewusstsein neue Wege finden, diese positiven Gefühle zu wecken ...

Neue Wege um ___ ***(Ziel nennen)*** jetzt zu erreichen und dauerhaft zu behalten.

Möglichkeiten, die es dir möglich machen, mit dem verbesserten Verhalten zu leben, sodass es für dich immer leichter wird, für immer mit ____ ***(Gewohnheit nennen)*** aufzuhören.

Es einfach lassen und stattdessen dann ____ ***(Ziel nennen).***

Du kannst ___ ***(Gewohnheit nennen)*** jetzt auch ganz leicht lassen, wenn es eigentlich um Gefühle geht.

Und du darfst auch mal traurig, frustriert oder genervt sein und kannst trotzdem ganz leicht auf ___ ***(Gewohnheit nennen)*** verzichten.

Es ist in Ordnung, seine Gefühle zu zeigen und offen zu sein. Du kannst dich deinen Mitmenschen leicht, frei und trotzdem in dir ruhend mitteilen.

Du kannst auch ganz leicht Nein sagen, wenn du etwas Bestimmtes lieber lassen möchtest.

Nein zu sagen ist völlig ok und andere Menschen werden das auch akzeptieren. Selbstbewusst und sicher kannst du Nein sagen, wenn du etwas lieber lassen möchtest ...

Auch Gefühle der Ohnmacht, Minderwertigkeit oder dass du dich klein fühlst, kannst du schnell wieder loslassen. Gefühle kommen und gehen und du kannst in jeder Situation stark sein und ganz in deiner Kraft bleiben ...

Du nimmst dann ein paar tiefe Atemzüge und gelangst schnell in deine ganze Kraft. Tiefes Ein- und Ausatmen gibt dir auch Ruhe und Gelassenheit und es füllt deine Energiespeicher wieder auf ...

Du kannst jederzeit und überall deine Energiespeicher auffüllen. Dazu braucht es nur die Konzentration auf deinen Atem.

Tiefe Atemzüge bringen dich zur Ruhe und Gelassenheit und zurück in deine ganze Kraft und lassen dein Bedürfnis ____ ***(Gewohnheit nennen)*** einfach wieder verschwinden ...

Atme ein paar Mal tief ein und aus und du kommst schnell und leicht wieder in deine ganze Kraft. Du bist dann wieder voller Energie und Lebensfreude, fühlst dich ganz fit und rundherum zufrieden und sehr wohl ...

Und immer, wenn du das Gefühl hast, Stress abzubauen zu müssen, dann erinnerst du dich daran, wie leicht es ist, zur Ruhe und Gelassenheit zurückzufinden und wieder ganz in deine eigene Mitte und Kraft zu kommen ...

Dein Unterbewusstsein hilft dir dabei, wieder zur Ruhe und Gelassenheit zu kommen. Du kannst auch hier auf _____ ***(Gewohnheit nennen)*** verzichten.

Dein Unterbewusstsein wird dich dann an die tiefe Atmung erinnern. Du nimmst dann ein paar tiefe Atemzüge und das gibt dir Kraft und neue Energie und gleichzeitig löst es deine Anspannung und führt dich wieder in die Ruhe und Gelassenheit ...

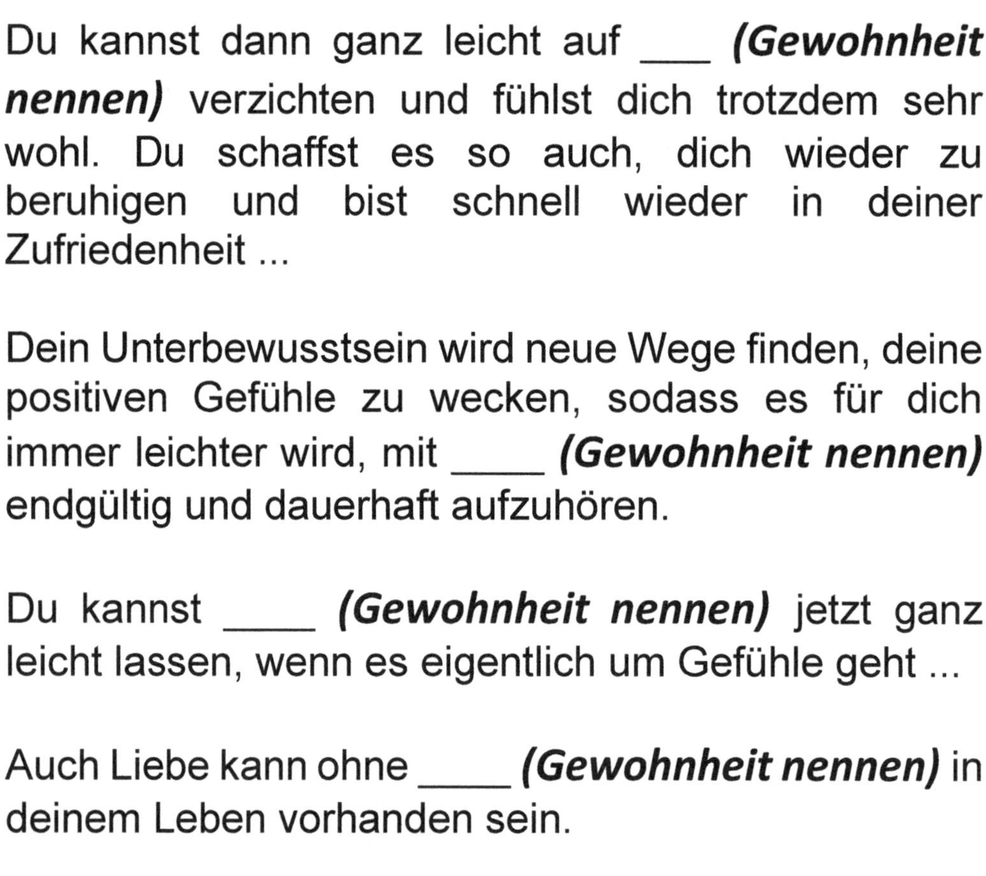

Du kannst dann ganz leicht auf ___ ***(Gewohnheit nennen)*** verzichten und fühlst dich trotzdem sehr wohl. Du schaffst es so auch, dich wieder zu beruhigen und bist schnell wieder in deiner Zufriedenheit ...

Dein Unterbewusstsein wird neue Wege finden, deine positiven Gefühle zu wecken, sodass es für dich immer leichter wird, mit ____ ***(Gewohnheit nennen)*** endgültig und dauerhaft aufzuhören.

Du kannst ____ ***(Gewohnheit nennen)*** jetzt ganz leicht lassen, wenn es eigentlich um Gefühle geht ...

Auch Liebe kann ohne ____ ***(Gewohnheit nennen)*** in deinem Leben vorhanden sein.

Du bist geliebt und trägst diese Liebe in dir. Du kannst gut für dich sorgen. Alles, was du brauchst, ist ausreichend in deinem Leben vorhanden. Liebe, Geborgenheit, Fürsorge und Sicherheit sind reichlich vorhanden.

Du bist erfüllt von den positiven Erfahrungen in deinem Leben. Du bist erfüllt von deinen Beziehungen zu anderen Menschen, erfüllt von Dingen, mit denen du dich beschäftigst und du führst ein erfülltes und glückliches Leben ...

Das Leben ist angenehm und leicht.

In deinem Leben gibt es viele gute und positive Zeiten und es ist immer genug für alle da bzw. bekommst du stets, was du brauchst, du bekommst immer genug. Das Leben sorgt für dich und es ist angenehm und leicht.

Von Tag zu Tag lernst du, mehr auf dein inneres Gefühl zu hören.

Du lernst, dir zu vertrauen, denn du ganz allein weißt, was gut für dich ist und alles ist leicht. Du weißt, dass dein Körper auf deine Gedanken reagiert.

Du hast einen positiven Geist, der dich bei deinem Ziel ______ ***(Ziel nennen)*** hält ...

Du erkennst und verstehst die tiefen Ursachen für dein altes Verhalten und kannst sie auf sichere und einfachste Weise auflösen. Du bist frei zu lernen, deine Alternativen und neuen Möglichkeiten anzuwenden.

Das Gefühl der Ruhe und Gelassenheit durch tiefes Ein- und Ausatmen oder auch mal durch einen Gedanken an einen schönen Urlaub, in dem es so angenehm und auch ruhig war und du diese Ruhe und Gelassenheit gespürt hast und es jederzeit wieder spüren kannst, einfach, indem du daran denkst ...

Dein Unterbewusstsein weiß, was es tun muss, um dein Ziel ____ ***(Ziel nennen)*** zu erreichen und dauerhaft zu halten, denn es ist die Aufgabe deines Unterbewusstseins, dich zu unterstützen ...

Tief in dir drin weißt du schon jetzt, wie du deinen Tag besser gestalten kannst. Du kannst dir nun diesen Tag vorstellen. Du weißt, dass dein Unterbewusstsein für dich arbeitet, und weiß, was zu tun ist, um dein Ziel ___ ***(Ziel nennen)*** jetzt zu erreichen und dass es dann auch dauerhaft so bleiben kann ...

Und ab heute änderst du leicht und mühelos dein Verhalten, auf natürliche und gesunde Weise. Es wird dir ganz leicht fallen mit dem verbesserten Verhalten zu leben und du fühlst dich dabei sehr wohl. Jeden Tag mehr und mehr fällt es dir leichter, auf dein Verhalten zu achten. Du bist voller Willenskraft, voller Selbstvertrauen und voller Selbstbeherrschung.

Und während das Tor zu deinem Unterbewusstsein noch weit geöffnet ist, kannst du dir vorstellen, wie du jetzt ____ ***(Ziel nennen)*** lebst und es genießt, es dauerhaft geschafft zu haben ... ...

Du bist gut zu dir selbst. Du liebst dich selbst bedingungslos. Es macht dich glücklich jetzt ___ ***(Ziel nennen)*** erreicht zu haben.

Du liebst dich und deinen Körper. Du fühlst dich liebenswert und strahlst eine positive Energie aus.

Deine positiven Gedanken spiegeln sich in deiner Haltung, in deinem Gesicht und in deinem ganzen Körper wider …

Du liebst dich, deinen Körper und deine Seele. Es macht dir Spaß, alte Gewohnheiten zu ändern und neue Wege zu gehen. Du fühlst dich gut, wenn du auf Belastungen verzichten darfst.

Du bist erleichtert, weil es dir gelingt, freundlich und entschlossen Nein zu sagen und deine Widerstandskraft so groß geworden ist …

Dein Unterbewusstsein kann dein Verhalten mühelos regulieren. Und es ist wirklich überraschend, wie schnell du rundherum zufrieden bist, weil du dein Ziel ___ ***(Ziel nennen)*** erreicht hast.

Du wirst spielend leicht lernen können, alte Gewohnheiten abzubauen und alte Einstellungen zu ändern und deine echten, natürlichen und wahren Bedürfnisse wahrzunehmen und zufriedenzustellen …

Du spürst immer genauer, was du wirklich willst. Du verzichtest gern auf überflüssigen Ballast. Du findest immer besser heraus, was du in einem bestimmten Moment wirklich willst. Du kannst zwischen äußeren Reizen und inneren Bedürfnissen unterscheiden …

Es ist viel leichter ____ ***(Ziel nennen),*** als du es bisher gedacht hast.

Dein Körper teilt dir all seine Bedürfnisse ständig mit.

Du kannst mühelos Nein sagen und stattdessen auf dein Ziel ___ ***(Ziel nennen)*** achten und dich mit tiefem Ein- und Ausatmen oder den Gedanken an den Urlaub zur Ruhe und Gelassenheit bringen und so gut für dich sorgen …

Du hast es jetzt geschafft. In deinen Gedanken bist du ____ ***(Ziel nennen)*** und auch in deiner Wirklichkeit …

Du genießt es, diese Verbesserung erreicht zu haben, es für immer geschafft zu haben.

Dein Ziel _____ ***(Ziel nennen)*** nun für immer geschafft zu haben …

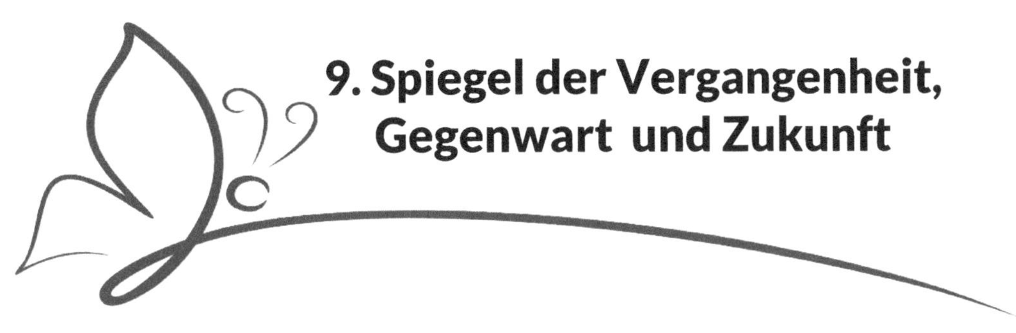

9. Spiegel der Vergangenheit, Gegenwart und Zukunft

Für jegliche Art von Problemen, die in der Vergangenheit entstanden sind und wie man die Zukunft neu gestaltet.

Folgende Informationen werden für diesen Text benötigt: Eine kurze Angabe, die das Problem beschreibt und die Stichworte oder den Satz, der das gewünschte Ziel genau beschreibt. Die erfragten Informationen kannst du direkt in diesen Hypnosetext bei ____ einbauen.

***** **Hypnose** *****

Heute geht es auf eine Fantasiereise in die Räume der Spiegel. Sicherlich kennst du diese Spiegel auf dem Jahrmarkt, die einen dick oder dünn oder klein oder groß erscheinen lassen, die das Bild von einem völlig verzerren.

Doch es gibt auch andere Spiegel, die einem das Heute, das Gestern und das Morgen anzeigen ...

Also das, was gerade jetzt ist, so wie du eben ausschaust, dann Blicke in deine Vergangenheit und auch noch eine Vorausschau von deiner Zukunft, wie es dort sein wird.

Und da du jetzt bestimmt schon neugierig bist, beginnen wir mit diesen magischen Räumen, in denen diese Spiegel hängen.

Du betrittst jetzt den ersten von 3 Räumen.

Zu deinem Erstaunen gibt es 2 Spiegel an den Wänden. Ansonsten ist der Raum vollkommen leer. Es sind sehr große Spiegel und der erste Spiegel ganz links zieht dich nun magisch an ...

Du stehst nun vor diesem Spiegel und über dem Rahmen hängt ein goldenes Schild, auf dem steht: Dies ist der Spiegel der vergangenen Personen. Du schaust in den Spiegel hinein und es beginnen sich, Bilder und Szenen zu entwickeln.

All die Personen, die irgendetwas mit deinem Problem ______ ***(Problem nennen)*** zu tun haben oder einen Teil dazu beigetragen haben, tauchen nun auf.

Vielleicht siehst du ja ganz viele Personen, vielleicht auch nur wenige oder vielleicht auch nur eine Person ... ...

Es tauchen alle auf, die ihren Teil zu deinem Problem ______ ***(Problem nennen)*** beigetragen haben. Du siehst sie vor dir stehen und sie halten ein Geschenkpaket in den Armen ...

Doch du entscheidest dich jetzt, dieses Päckchen dankend abzulehnen und sagst: es ist dein Päckchen, es gehört zu dir und ich möchte, dass du es behältst ...

Ich trage meine eigenen Päckchen, auf deines kann ich gut verzichten. Ich weiß, du wolltest mir Gutes tun und hast auf deine Art und Weise dazu beigetragen, dass ich mich so entwickelt habe.

Damals war es gut und richtig so, dass du und ich so gehandelt hatten. Doch heute ist es anders, heute entscheide ich neu ...

Heute will ich mein Leben so gestalten, wie nur ich es will ...

Und ich will ______ ***(Ziel nennen)*** sein.

Drum sage ich dir danke für die Zeit und die Gedanken, die mich bisher geprägt haben und gebe dir deine Päckchen heute zurück. Du kannst sie behalten und ich verabschiede mich von diesen alten Erfahrungen und Erinnerungen und treffe heute eine neue Wahl zu _______ ***(Ziel nennen).***

Dann verblassen die Bilder in dem Spiegel allmählich und du gehst ein paar Schritte zurück ...

Jetzt zieht dich der 2. Spiegel magisch an.
Du gehst näher und erkennst auf dem goldenen Schild über dem Rahmen des Spiegels die Worte: Dies ist der Spiegel der vergangenen Erlebnisse und Gefühle ...

Neugierig, was du jetzt darin entdecken wirst, schaust du auch in diesen Spiegel hinein und es beginnen sich auch hier, Bilder und Szenen zu entwickeln.

All die Ereignisse und Situationen, die zu deinem Problem ______ ***(Problem nennen)*** beigetragen haben, tauchen nun auf ... ...

Und dabei spürst du, wie all die damit zusammenhängenden_Gefühle in dir entstehen ...

Wie du fühlen kannst, wie du dich damals in diesen Situationen, in diesen Erlebnissen gefühlt hast.

Die Erinnerung an die Gefühle wird immer stärker und stärker, während du vielleicht ganz viele Situationen im Spiegel siehst oder vielleicht auch nur wenige Ereignisse, vielleicht auch wieder nur die heute für dich wichtigste Erinnerung an ein Erlebnis in deiner Vergangenheit, welches am meisten dazu beigetragen hat, dass dein Problem entstanden ist ...

Du siehst und spürst, wie es damals war und weißt gleichzeitig, dass es nur Erinnerungen sind und dass es heute ganz anders sein kann und darf ...

Damals war es gut und richtig so, wie du darauf reagiert hattest, doch heute willst du es anders machen, heute willst du neue Gefühle, positive Gefühle in dir fühlen.

Heute willst du so reagieren, dass du ______ ***(Ziel nennen)*** ...

Heute gibst du dir die Erlaubnis, die Dinge der Vergangenheit loszulassen, dich davon zu verabschieden und neu zu lernen, wie du nun so reagieren kannst, dass du ___ ***(Ziel nennen)*** ...

Und während dein Unterbewusstsein schon lernt und auch immer noch weiter lernen kann, selbst wenn die Spiegel schon längst verblasst sind, lernst auch du von Tag zu Tag, so zu reagieren, dass du ______ ***(Ziel nennen)*** ...

Und mit diesem Wissen und Lernen in dir gehst du wieder ein paar Schritte vom Spiegel zurück und lässt die Erinnerungen verblassen, denn der nächste Raum der Spiegel wartet schon ...

Du siehst die Tür, die dich in den Spiegelraum der Gegenwart führt. Du gehst durch die Tür hindurch und siehst in diesem Raum einen Spiegel hängen.

Auch er hat über dem Rahmen ein goldenes Schild. Darauf steht: Hier ist der Spiegel deiner Gegenwart. Das bist du HEUTE! ...

Tritt jetzt vor diesen Spiegel und schau hinein: Er zeigt dich so, wie du heute aussiehst ...

Achte einmal auf deine Gefühle, was steigt da in dir auf, wenn du so dein Spiegelbild betrachtest? ...

Was gefällt dir an deinem Aussehen und wie ist dein Gesichtsausdruck ...

Bist du zufrieden mit dir selbst? Oder möchtest du lieber etwas verbessern? ...

Noch während du darüber nachdenkst, trittst du ein paar Schritte zurück und das Spiegelbild verblasst immer mehr und mehr und verschwindet schließlich ganz ...

Und du bist nun bereit durch die nächste Tür in den letzten der 3 Spiegelräume zu gehen. Diesmal ist es der Spiegelraum der Zukunft, deiner Zukunft und auch hier befindet sich ein Spiegel im Raum, über dem ein goldenes Schild mit der Aufschrift „Reise in deine Zukunft“ hängt ...

Neugierig schaust du nun in diesen Spiegel hinein und du siehst, wie nach und nach ein bewegtes Bild oder ein kleiner Film entsteht: Dort bist du ______ ***(Ziel nennen)*** ...

Vertraue deiner Fantasie und nimm jetzt einfach an, was der Spiegel dir zeigt. Wie schaust du genau aus? …

Was tust du dort gerade? …

Ist jemand bei dir? …

Wie fühlst du dich? …

Und du bemerkst, dass du kaum älter geworden bist und dieses Zukunftsbild von dir somit sehr schnell Wirklichkeit wird.

Sind es Monate oder doch nur ein paar Wochen, in denen du dich so verbessern wirst und dein Ziel ______ ***(Ziel nennen)*** auch erreichst ...

Freue dich auf diese positive Veränderung. Freue dich auf dein verbessertes Ich, welches du schon sehr bald erreichen wirst ...

Mit diesem guten Gefühl verabschiede dich nun von deinem Spiegelbild und aus diesem Raum. Du weißt, dass du nun dein Ziel ______ ***(Ziel nennen)*** erreichen wirst …

Sobald du nachher wieder völlig wach bist, gehört dein Problem der Vergangenheit an ...

Du wirst es für immer loslassen und dich so verbessern und dein Ziel ______ ***(Ziel nennen)*** auch dauerhaft halten können, weil es das ist, was du wirklich willst ...

Du hast nun also erkannt, dass es an der Zeit ist, etwas für dich zu tun. Du hast erkannt, dass es an der Zeit ist, dein Ziel ______ ***(Ziel nennen)*** jetzt zu erreichen ...

Und ich werde deinen Wunsch ganz tief in deinen Gedanken verankern ...

Jeden Tag wirst du dir dein neues, verbessertes Ich vorstellen und dich darauf freuen, dass du bereits auf dem Weg bist und dein Ziel ______ ***(Ziel nennen)*** bald erreichst.

Oder vielleicht auch schon kurz davor bist oder sogar schon längst erreicht hast und nun nur noch die Hypnose machst, um dein Ziel ______ ***(Ziel nennen)*** zu halten ...

Es wird jetzt Wirklichkeit werden, weil du es so willst und es dir auch vorstellen kannst ...

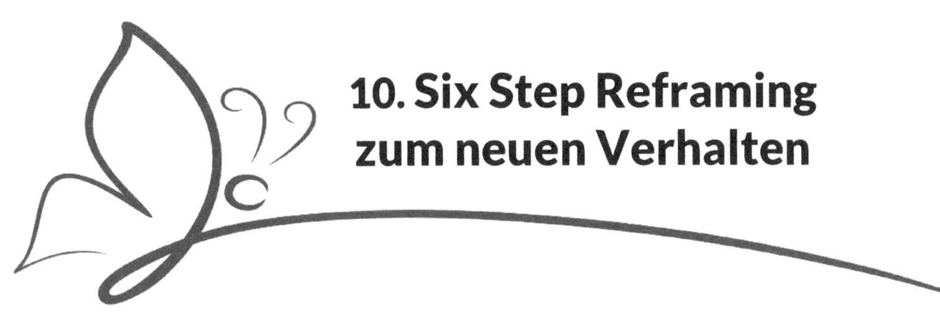

10. Six Step Reframing zum neuen Verhalten

Das Unterbewusstsein soll Möglichkeiten und Lösungen finden, wie man sein altes Verhalten durch bessere Alternativen ersetzen kann.

Folgende Informationen werden für diesen Text benötigt: Das Thema definieren, worum es genau geht, welches Verhalten ersetzt werden soll. Die Stichworte oder den Satz, der das gewünschte Ziel genau beschreibt und auch einmal bewusst über ein neues Verhalten nachdenken, was man stattdessen tun könnte. Die erfragten Informationen kannst du direkt in diesen Hypnosetext bei ____ einbauen.

***** **Hypnose** *****

Und heute geht es in der Trance um das Verbessern deiner Verhaltensmuster in Bezug auf dein Thema ______ ***(Thema nennen)***. Du möchtest dein ______ ***(altes Verhalten nennen)*** loswerden und stattdessen _______ ***(Ziel nennen)*** ...

Dazu benötigst du ein Verändern deiner Gedanken und deines Verhaltens.

Du kannst dich für ______ ***(hier einen Punkt der Veränderung nennen)*** entscheiden oder auch für eine andere, gesünderer Alternative.

Was auch immer du als Unterstützung auf deinem Weg zum _______ ***(Ziel nennen)*** benötigst, wird dir dein Unterbewusstsein zur Verfügung stellen.

Doch dazu bedarf es deiner Mitarbeit. Lass uns nun gemeinsam etwas verbessern. Stelle dir jetzt dein neues, gewünschtes Verhalten vor _____ ***(ggf. hier nennen)*** ...

Dann stelle dir vor, was du mit deinem neuen Verhalten tun kannst. Wie du ab jetzt denken und handeln willst ...

Was kannst du sehen? ...
Was kannst du hören? ...
Was kannst du fühlen? ...
Was kannst du riechen? ...
Was kannst du schmecken? ...

Und während du dir das alles einmal vorstellst, in dich hinein hörst und all die Empfindungen dazu spürst, drückst du Daumen und Zeigefinger in einem gleichmäßigen Rhythmus immer mal wieder zusammen, die Finger auseinander, dann wieder zusammendrücken. Mache dies, während du dich in deiner Vorstellung beim neuen Verhalten befindest ...

Immer weiter die Bilder, Geräusche und Gefühle entstehen lassen, während du dabei deinen Daumen und Zeigefinger zusammendrückst und öffnest …

Und wieder zusammendrückst in einem gleichmäßigen Tempo, immer wieder zusammendrücken ...

So ist es gut …

Und du bestehst aus vielen Teilen. Da ist dein Bewusstsein, dein Verstand und da gibt es auch dein Unterbewusstsein. Das ist der Teil, der alles automatisch, eben unbewusst, in dir ablaufen lässt. So wie deine Atmung jetzt ganz automatisch geschieht, du einfach an andere Dinge denken kannst, während dein Unterbewusstsein deine Atmung ganz automatisch steuert und vieles andere mehr in deinem Körper ...

Dein Unterbewusstsein ist ein starker und mächtiger Teil, denn auch wenn du schläfst, ist es tätig und hält dich am Leben. Dein Unterbewusstsein ist sehr klug und hat nur gute Absichten. Und so bitte ich dich jetzt, einmal mit diesem Teil, deinem Unterbewusstsein, in Verbindung zu treten. Konzentriere dich einmal nur auf dich, gehe mit deiner Aufmerksamkeit ganz zu dir, gehe nach innen, spüre in dich hinein ...

Und während du das tust, beginne ich mit deinem Unterbewusstsein zu kommunizieren. Liebes Unbewusste, gehe nun zum kreativen Teil in dir.

Das ist der Teil, in dem die Lösungen, Ideen und neuen Wege zu finden sind.

Mache eine Konferenz an einem geeigneten Ort oder im Hier und Jetzt, mit diesem kreativen Teil und suche drei neue Wege, die genauso effektiv oder effektiver und genauso schnell verfügbar sind, um die positive Absicht ebenso gut oder noch besser zu erfüllen, wie das alte Verhalten ...

Das alte Verhalten, das zum ______ ***(Problem nennen)*** geführt hat, nun ersetzen durch das neue Verhalten, das von jetzt an gewünscht ist, das was du eben durch die Vorstellung vom bewussten Teil gesehen, gehört und empfunden hast ...

Suche und finde bitte drei neue Wege, die genauso effektiv oder effektiver und genauso schnell verfügbar sind. Tue dies bitte jetzt und solange, bis du diese 3 Wege und Möglichkeiten gefunden hast und dann teile sie dem Bewusstsein auf eine für dich passende Art jetzt oder später mit, sodass du von nun an mit dem Bewusstsein zusammenarbeitest ...

Danke liebes Unterbewusstsein, dass du dies nun tust. Liebes Unbewusste, bitte übernehme dann auch die Verantwortung, dass das neue Verhalten genauso zuverlässig, sicher, automatisch und unabhängig dem Bewusstsein gegenüber auftritt, wie früher das alte Verhalten ...

Auch dafür möchte ich dir schon einmal danken, dass du deine Arbeit so gut machst. Und wenn noch Einwände gegen die neuen Wege in dir entstehen sollten, dann liebes Unterbewusstsein, gehe erneut zum kreativen Teil und mache wieder deine innere Konferenz und finde Wege, die auch die Einwände berücksichtigen und dann das neue gefundene Verhalten möglich machen.

Tue dies bitte immer eigenständig und automatisch, wenn es erforderlich ist. Und sende dann die neuen Erkenntnisse und Informationen an das Bewusstsein, sodass das neue Verhalten in der Zusammenarbeit vom bewussten und unbewussten Teil funktioniert und immer mehr zur Routine, zum automatischen Verhalten wird ...

Und zum Schluss möchte ich noch daran erinnern, dass das alte Problemverhalten jederzeit möglich ist, wenn die neuen Wege nicht mehr effektiv sind und es ist jederzeit ein Treffen mit dem kreativen Teil möglich, um neue Wege zu suchen ...

Ich bedanke mich beim Unbewussten für die gute Zusammenarbeit und ich bedanke mich beim kreativen Teil für die gute Zusammenarbeit. Ich bitte euch, geht nun zum Bewusstsein und teilt ihm die neuen Lösungen und Wege mit und fügt euch zu einer Einheit, zu einem wunderbar unterstützenden Team wieder zusammen.

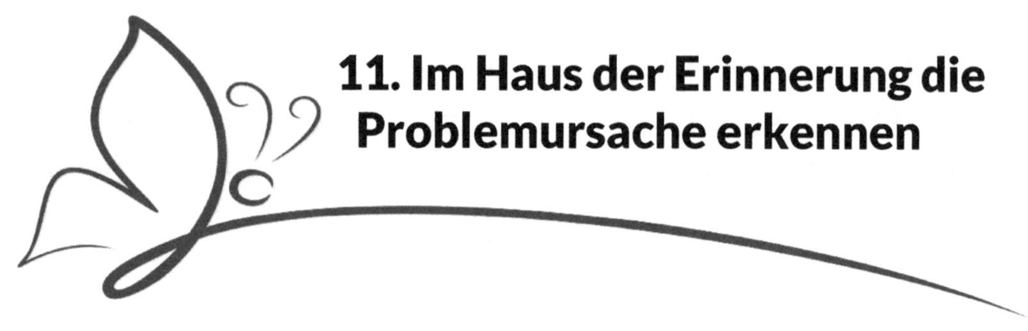

11. Im Haus der Erinnerung die Problemursache erkennen

Die Ursache für das Problem suchen und sich dann davon lösen und Heilung geschehen lassen.

Folgende Informationen werden für diesen Text benötigt: Eine kurze Angabe, die das Problem beschreibt und die Stichworte oder den Satz, der das gewünschte Ziel genau beschreibt. Die erfragten Informationen kannst du direkt in diesen Hypnosetext bei ____ einbauen.

***** **Hypnose** *****

Und jetzt gehst du in das Zauberland. Im Zauberland ist immer ein magischer Zauber vorhanden. Hier kann man seine Gedanken und auch Erinnerungen sehen und auch seine zauberhafte Zukunft gestalten.

Ein weiterer Vorteil ist, dass du jederzeit wieder ins Zauberland kommen kannst, einfach, indem du daran denkst. So schaffst du es dann auch, den Zauber mit in deine Gegenwart zu nehmen und die gezauberte Zukunft zu deiner Realität werden zu lassen. Doch dazu später mehr.

Jetzt betrete erst einmal dein Zauberland: Und weil es ja dein Zauberland ist, ist es dort genauso, wie du es dir vorstellen magst.

Du kannst auch das Wetter gestalten und wer weiß, vielleicht lässt du es mal regnen und mal auch die Sonne scheinen. Mache es so, wie du es magst.

Und während du vielleicht noch beim Herstellen deines perfekten Wetters bist, da siehst du auch schon einen breiten Weg, der dich durch dein Zauberland führen wird ...

Der Weg ist am Wegesrand mit vielen Schildern versehen, sodass du immer genau lesen kannst, wohin der Weg dich führt. Auf dem ersten Schild wird dir nun die Richtung zum Platz der Gedanken angezeigt ...

So folgst du also dem Schild und kommst dann schließlich auch auf dem Platz deiner Gedanken an. Schau dich um und sieh die vielen, vielen Gedankenblasen, die hier in der Luft herumschwirren ...

Denn du hast schon viele Gedanken gehabt. Gedanken über dein Problem _____ ***(Problem nennen)*** und auch Gedanken daran, wie schön es doch wäre, wenn das Problem _____ ***(Problem nennen)*** weg wäre.

Vielleicht hast du dir ja auch schon Gedanken darüber gemacht, wie es dann sein wird. Wie du dann ______ ***(Ziel nennen)*** …

Wie schön das dann wäre. Schau dir doch jetzt einmal deine Gedanken an und wenn es zu viele Gedankenblasen sind, dann bitte doch einfach darum, dass nur die wichtigsten Gedankenblasen jetzt vor dir schweben und die anderen in den Hintergrund treten sollen, sodass du dich nun noch mal ganz genau auf die wichtigsten, vielleicht auch nur den wichtigsten Gedanken konzentrieren kannst, auf das, was da in dir ist. Welcher Gedanke wird es wohl gerade sein, was wird dort gerade sichtbar …

Und falls du in den Gedankenblasen noch nichts erkennen kannst, dann ist das ok, denn du bist ja im Land des Zaubers und dein tiefes Inneres weiß schon, worum es geht und kann es in aller Ruhe verarbeiten …

Und für dich wird es nun Zeit, noch ein wenig weiter zu wandern. Folge also weiter dem Weg durch dein Zauberland …

Als Nächstes siehst du wieder ein Hinweisschild. Es zeigt dir den Weg zum Haus der Erinnerungen und so folgst du der Richtung des Schildes und gelangst schließlich zum Haus deiner Erinnerungen ...

Es ist ein Haus deiner Vergangenheit.

In jedem der Räume gibt es Erinnerungen aus deinem Leben und so gehst du jetzt einmal hinein und schaust dich dort um. Du erblickst viele Türen und auf jeder Tür steht etwas geschrieben. Es steht dort, was du als Erinnerung dahinter erwarten kannst ...

Und so gehst du nun einmal zu einer Tür, auf der steht: „meine Problemursache". Dahinter befindet sich jetzt die Antwort in Form deiner Erinnerung, was dazu geführt hat, dass dieses Problem ______ ***(Problem nennen)*** für dich überhaupt entstanden ist, also die Ursache.

So gehe also durch diese Tür in den Raum der Ursache und lass dich überraschen, was hier als Erinnerung daran für dich bereitsteht ...

Wie ist dein Problem entstanden? Vielleicht siehst du ja Personen, die damit zu tun haben oder zumindest einen Teil dazu beigetragen haben.

Vielleicht sind es viele Personen, vielleicht auch nur wenige, vielleicht ist jetzt auch nur eine einzige Person wichtig für dich, bei der du die Zusammenhänge erkennst und dich dann von diesen Erinnerungen verabschieden kannst.

Du lässt sie hier in diesem Raum. Die Erkenntnis reicht dir, um dich dann davon zu trennen, sie zurückzulassen und weiter zu gehen.

Und so bist du vielleicht schon längst dabei, bewusst zu verstehen, wie und wer dazu beigetragen hat, dass das Problem für dich entstanden ist …

Und auch wenn es momentan nichts zu sehen gibt, dann kannst du darauf vertrauen, dass deine Seele genau weiß, was gut für dich ist und dass es jetzt nicht so wichtig ist, es bewusst zu sehen und zu verstehen. Dann erlaube einfach deinem unbewussten Teil, jetzt für dich weiter an der Sache zu arbeiten, sodass du dich davon trennen kannst und diesen Teil der Vergangenheit nun endgültig hinter dir lässt …

Und jetzt hörst du auf einmal eine Stimme, die dir zuruft: Nimm den Hammer, der vor dir liegt und schlage gleich einen Durchbruch in die Wand und befreie dich selbst aus deiner Vergangenheit und trete dann durch den Durchbruch, den du dir jetzt gleich selbst erschaffst nach vorn in deine neue Zauberlandschaft. Es wird ein Schritt in deine neue Welt sein, in deine schöne Zukunft. Und so greife nun den Hammer und halte ihn fest und schlage nun kräftig auf die Wand ein ...

Reiße sie hernieder, mache einen großen Durchbruch dort hinein, sodass du selbst hindurchgehen kannst. Tue es jetzt und spüre, wie leicht auf einmal alles ist, wie gut du diesen Durchbruch für dich schaffen kannst …

Dann trete hindurch und lass all das Vergangene hinter dir und genieße es, jetzt in der neuen Welt zu sein ...

In deiner neuen Zauberwelt und als Erstes bemerkst du einen Zauberer.

Er trägt einen grünen Umhang und trägt einen grünen Zauberhut. Er lächelt dich an und sagt: Willkommen in der neuen Zauberwelt.

Ich bin „der Zauberer Grün“, weil ich alles heil und wieder grün mache. Ich erschaffe den grünen Bereich, in dem alles in Ordnung ist und man sich wohlfühlt und ich habe jetzt ein Geschenk für dich. Ich gebe dir als Allererstes ein grünes Licht, welches magische Heilungskräfte besitzt und so hülle ich dich jetzt in dieses grüne Licht und du kannst die Heilung von Körper, Geist und Seele in dir aktivieren. Es dir erlaubt, diese Heilung jetzt anzunehmen.

Und schon schwingt er seinen Zauberstab und hüllt dich auch schon ein in dieses grüne Licht. Es ist angenehm für dich, in diesem Licht zu stehen und es auf dich wirken zu lassen. Und vielleicht spürst du ja jetzt schon oder auch gleich, wie die Heilung in dir geschieht, wie es sich so angenehm und gut anfühlt und wie du die Heilung jetzt zulassen und geschehen lassen kannst ...

Für jetzt und auch die nächsten Tage, bis du dann zu 100 % geheilt bist. Dann spricht der Zauberer weiter:

ich habe noch ein zweites Geschenk. Hier, nimm diesen grünen Zauberstab und zaubere dir jetzt selbst all das, was jetzt in deinem Leben geschehen soll. Doch bedenke dabei, wenn es auch in deiner Wirklichkeit so sein soll, dann muss es auch etwas sein, was realistisch, also machbar ist.

Dann kannst du alles auch in deine Realität mitnehmen und dich daran erfreuen. Freudig greifst du nach dem Zauberstab und zauberst dir jetzt deine Zielverwirklichung.

Dein Ziel ____ ***(Ziel nennen)*** wie du es bereits erreicht hast. Wie du dann aussiehst und was du alles tust …

Und natürlich auch, wie du dich dann fühlst. Sie es dir an, wie der Zauber wirkt und dich in den Menschen verwandelt, der du gern sein möchtest und jetzt auch sein kannst ...

Du zauberst dich genau in diesen Menschen, der jetzt sein Ziel erreicht hat und es in vollen Zügen genießen kann. Sieh dir an, wie es ist, das Ziel ___ ***(Ziel nennen)*** erreicht zu haben und spüre auch genau hinein, wie es sich anfühlt, das Ziel ____ ***(Ziel nennen)*** erreicht zu haben.

Wie gut das ist ...

Höre dich selbst reden, wie du es anderen sagst, dass es am Ende leichter war, als du es am Anfang noch gedacht hattest. Und das es überraschend schnell ging dieses Ziel ____ ***(Ziel nennen)*** zu erreichen.

Und wie glücklich du jetzt darüber bist, dich für diesen Weg durch dein Zauberland und das eigene Verzaubern deiner Realität entschieden zu haben und schließlich so dein Ziel ____ ***(Ziel nennen)*** ganz leicht erreicht hast.

Genieße noch eine Weile das schöne Gefühl, dir selbst deine Zukunft und auch Gegenwart so zu zaubern, wie du es gern haben möchtest ...

12. Reinigung und Stärkung der Energiezentren und Aufbau des Energieschutzes

Die inneren Energien wieder zum Fließen bringen und sich erden. Außerdem das Öffnen und Ausbalancieren der Chakren (= Energiezentren) im Körper, um sich energetisch klarer, ausgeglichener und harmonischer zu fühlen. Dann geht es um den Schutz des Energiekörpers, um sich von negativen Einflüssen abzugrenzen. Schließlich wird der innere Ort des Friedens entdeckt, der immer als Zufluchtsort dienen kann.

***** Hypnose *****

Während du hier in einem Zustand tiefer Entspannung und Offenheit liegst, möchte ich, dass du dir deines physischen Körpers bewusst wirst. Spüre die Oberfläche, auf der du liegst und wie sie dich trägt. Jeder Teil deines Körpers, der diese Oberfläche berührt, ist dein Anker, deine Verbindung zur physischen Welt.

Während du dich noch in diesem entspannten Zustand befindest, richte deine Aufmerksamkeit auf deine Füße.

Stell dir vor, wie sie sich langsam und kraftvoll mit der Erde unter dir verbinden.

Stell dir vor, wie Wurzeln aus deinen Fußsohlen wachsen, tief in die Erde hinein, immer tiefer, bis sie den Kern der Erde erreichen …

Spüre diese Verbindung, diese Erdung. Es ist, als ob du in ständigem Austausch mit der Energie der Erde stehst. Die Erde gibt dir Stabilität, Kraft und Sicherheit. Sie hält dich fest, stützt dich und gibt dir Energie …

Atme tief ein und stelle dir vor, wie mit jedem Atemzug die Energie der Erde durch diese Wurzeln aufsteigt und in deinen Körper fließt, von den Füßen über die Beine und den Rumpf bis in jeden Winkel deines Körpers. Diese Energie nährt, stärkt und erdet dich … Und mit jedem Ausatmen gibst du alles zurück, was dich belastet, was du nicht mehr brauchst. Stell dir vor, wie diese Sorgen, Ängste oder Spannungen in die Erde fließen, wo sie transformiert und neutralisiert werden …

Spüre, wie du dich mit jedem Atemzug tiefer und fester mit der Erde verbindest. Du fühlst dich stabil, geerdet und kraftvoll. Genieße dieses Gefühl für einen Augenblick. Es ist ein Gefühl der Verankerung, des Seins, des vollständigen Hierseins in diesem Augenblick …

Wann immer du dich im Alltag unausgeglichen oder überfordert fühlst, erinnere dich an diese Verbindung. Sie ist immer da, bereit, dich zu stützen und zu nähren.

Nun, da du fest und sicher mit der Erde verbunden bist, werden wir beginnen, deine Energiezentren, deine Chakren, zu reinigen und ins Gleichgewicht zu bringen. Dies wird dir helfen, dich energetisch klarer, ausgeglichener und harmonischer zu fühlen.

Atme tief ein und richte deine Aufmerksamkeit auf dein Steißbein, den Bereich am unteren Ende deiner Wirbelsäule. Dort befindet sich dein erstes Chakra, das Wurzelchakra. Visualisiere eine leuchtend rote Farbe, die diesen Bereich durchdringt. Rot steht für Sicherheit, Stabilität und das Gefühl der Zugehörigkeit …
Stelle dir vor, wie alle Blockaden oder Spannungen, die sich in diesem Bereich befinden, von dem leuchtenden Rot aufgenommen und transformiert werden. Sie fließen in die Erde, die du vorher so kraftvoll gespürt hast, und werden dort neutralisiert … …

Das Chakra wird gereinigt und mit neuer Energie aufgeladen. Du fühlst dich geerdet, geborgen und verbunden …

Lass deine Aufmerksamkeit langsam nach oben wandern, direkt unter deinen Bauchnabel. Dort befindet sich dein Sakralchakra.

Es leuchtet in einem tiefen Orange und steht für Kreativität, Emotion und Sexualität …

Wiederhole den Reinigungsprozess: Stell dir vor, wie alle Blockaden oder Spannungen durch das warme Orange aufgenommen und transformiert werden …

Dieses Chakra verbindet dich mit deinen Gefühlen und deiner Fähigkeit, Veränderungen anzunehmen. Stelle dir vor, wie das leuchtende Orange dieses Chakra reinigt, alle Hindernisse oder Blockaden auflöst und es mit positiver, kreativer und leidenschaftlicher Energie auflädt … …

Lass deine Aufmerksamkeit weiter nach oben wandern, direkt in den Bereich deines Solarplexus, etwas oberhalb des Bauchnabels.

Dies ist das Zentrum deines Selbstbewusstseins, deiner Willenskraft und deiner Durchsetzungsfähigkeit. Das Manipura-Chakra leuchtet in einem hellen Gelb, so hell und strahlend wie die Mittagssonne …

Stelle dir vor, wie dieses strahlende Gelb alle Zweifel, Ängste und Sorgen aufnimmt und in reine, positive Energie verwandelt. Spüre, wie dieses Chakra gereinigt wird und in einem noch strahlenderen Gelb zu leuchten beginnt … …

Mit jedem Atemzug spürst du, wie dein Selbstvertrauen, deine Entschlossenheit und deine innere Stärke wachsen … …

Nun gehe mit deiner Aufmerksamkeit weiter nach oben, zu deinem Herzen. Dort befindet sich das Anahata-Chakra, das Zentrum der Liebe, des Mitgefühls und der Harmonie. Es hat eine leuchtend grüne Farbe mit rosafarbenen Nuancen, so sanft und friedlich wie ein stiller Wald …

Stell dir vor, wie dieses sanfte Grün alle Wunden des Herzens, alle Enttäuschungen und Traurigkeiten aufsaugt. Es verwandelt diese Gefühle in Liebe, Vergebung und Mitgefühl … …

Atme tief ein und fühle, wie sich dein Herz mit jedem Atemzug mehr öffnet und die Energie dieses Chakras sich ausdehnt und Liebe und Wärme in jeden Winkel deines Körpers und deines Seins sendet … …

Deine Aufmerksamkeit gleitet nun weiter nach oben zu deinem Hals, wo sich das Vishuddha-Chakra befindet. Dieses Energiezentrum ist die Heimat deiner Kommunikationsfähigkeit, deiner Authentizität und deiner kreativen Selbstverwirklichung. Es strahlt in einem tiefen, klaren Blau, wie der weite Himmel an einem sonnigen Tag …

Visualisiere, wie dieses klare Blau alle Blockaden, Hemmungen und Selbstzweifel aufnimmt.

Mit jedem Atemzug verwandelt es diese negativen Energien in Ausdruckskraft, Ehrlichkeit und Selbstvertrauen. Deine Stimme wird lauter, deine Worte klarer. Du spürst, wie die Energie dieses Chakras dich befähigt, dich authentisch und frei auszudrücken … …

Deine energetische Reise führt dich weiter nach oben, zwischen deine Augenbrauen, zum sogenannten „Dritten Auge“. Dieses Chakra ist das Zentrum für Intuition, Weisheit und geistige Klarheit. Das Ajna-Chakra leuchtet in einem intensiven Indigoblau, fast violett, wie der Nachthimmel kurz bevor die Sterne erscheinen …

Stell dir vor, wie dieses tiefe Indigo alle geistigen Nebel und Verwirrungen aufsaugt. Es verwandelt sie in Einsicht, Verständnis und geistige Klarheit … …

Atme tief ein und beim Ausatmen spürst du, wie du mit deiner inneren Weisheit verbunden bist. Du spürst, wie sich die Augen deines inneren Verstehens öffnen und dir ein tieferes Bewusstsein deiner Lebensreise ermöglichen …

Nun, da du dich so zentriert und in Harmonie mit dir selbst fühlst, richte deine Aufmerksamkeit auf den höchsten Punkt deines Kopfes - genau dort, wo Babys diesen weichen Punkt haben. Dort befindet sich das Kronenchakra, das Sahasrara, der Verbindungspunkt zu allem, was ist, und zu deiner höchsten spirituellen Wahrheit.

Es leuchtet in einem strahlenden, reinen Violett oder Weiß, fast wie ein Lichthof, der über und um deinen Kopf strahlt …

Spüre, wie sich dieses Chakra öffnet wie die Blütenblätter eines tausendblättrigen Lotus. Es zieht die reine, kosmische Energie des Universums an …

Diese heilige Energie fließt in dich hinein, durchströmt deinen ganzen Körper und verbindet dich mit der Quelle allen Seins. Sie ist das Tor zu höherem Bewusstsein, zu universeller Weisheit und unendlichem Mitgefühl … …

Visualisiere, wie alle Restenergien oder Anhaftungen, die dich noch belasten, durch dieses Chakra nach oben ins Universum entlassen werden, wo sie transformiert und geheilt werden. Gleichzeitig empfängst du reine, heilende Energie, die in jeden Winkel deines Seins strömt … …

Beim Einatmen spürst du die universelle Liebe und Akzeptanz, die in dich einströmt, und beim Ausatmen gibst du alle verbliebenen Ängste, Zweifel und Sorgen frei. Dein ganzes Wesen wird von Frieden, Klarheit und göttlichem Licht durchdrungen … …

Nimm dir einen Moment Zeit, um in diesem Zustand völliger Verbundenheit und Harmonie zu verweilen …

Du bist eins mit dem Universum, eins mit der Quelle, eins mit allem, was ist. Es ist ein Gefühl von Vollkommenheit, Einheit und tiefem Frieden … …

Mit der erneuerten Energie und der tiefen Verbindung, die du durch das Öffnen und Ausbalancieren deiner Chakren erfahren hast, konzentrieren wir uns nun darauf, deinen Energiekörper zu schützen und abzugrenzen.

Dies ermöglicht dir, fest in deiner eigenen Energie zu bleiben und nicht von äußeren Einflüssen überwältigt zu werden.

Stell dir vor, wie aus der Mitte deines Seins eine strahlende, goldene Lichtkugel hervorbricht. Mit jedem Atemzug wächst diese Lichtkugel und dehnt sich aus, bis sie deinen ganzen Körper umhüllt. Sie ist dein persönlicher Energieschild, ein kraftvoller Schutzwall … …

Das goldene Licht dieses Schildes ist unglaublich dicht und stark. Es lässt nur ein, was für dich positiv und nützlich ist, und hält alles andere fern. Negative Energien, unerwünschte Einflüsse oder absichtliche Manipulationen prallen an dieser schimmernden Barriere einfach ab und werden zurück ins Universum geschickt, um transformiert zu werden …

Atme tief ein und spüre, wie diese goldene Barriere stärker wird. Mit jedem Atemzug wird sie stärker und widerstandsfähiger …

Vielleicht fühlst du dich jetzt, da du so geschützt bist, leichter, freier und kraftvoller …

Visualisiere, wie kleine Silberfäden von deinem Herzen zu dieser goldenen Barriere strahlen. Sie verbinden dich mit allem Guten und Liebenden und ermöglichen dir gleichzeitig, klare Grenzen zu ziehen …

Du kannst die Welt um dich herum klarer und bewusster wahrnehmen, ohne dich überwältigt oder beeinflusst zu fühlen.

Dieser Zustand des Schutzes und der Abgrenzung hilft dir, in deiner eigenen Energie zu bleiben, dich sicher zu fühlen und gleichzeitig offen zu sein für das Leben und all seine Wunder.

Während du in diesem Moment verweilst, fühle tief in dich hinein. Nimm wahr, wie stabil und sicher du dich mit dieser schützenden Lichtbarriere um dich herum fühlst …

Es ist, als hättest du einen sicheren Hafen gefunden, einen Ort, an dem du dich immer sicher und geborgen fühlen kannst, egal was um dich herum passiert.

Bewahre dieses Gefühl in deinem Herzen und erinnere dich daran, wann immer du es brauchst.

Nun, da du dich geschützt und geborgen fühlst, lade ich dich ein, in die Tiefen deines inneren Bewusstseins zu reisen, um deinen ganz persönlichen Ort des Friedens zu entdecken.

Dieser Ort existiert in jedem von uns, ein Zufluchtsort, an den wir uns jederzeit zurückziehen können, um Ruhe, Klarheit und Regeneration zu finden.

Atme tief und gleichmäßig und mit jedem Atemzug spürst du, wie du tiefer in dich eindringst, vorbei an den Gedanken des Alltags, den Sorgen und Ängsten, hinab zum stillen Kern deines Seins ...

Stell dir vor, wie du einen Weg betrittst, der von sanftem, schimmerndem Licht umgeben ist. Dieser Weg führt dich durch einen uralten, weisen Wald. Du kannst den Duft der Bäume wahrnehmen, das Rascheln der Blätter und das leise Plätschern eines Baches in der Ferne. Mit jedem Schritt auf diesem Weg kommst du deinem inneren Ort des Friedens näher ...

Bald öffnet sich vor dir eine Lichtung, in deren Mitte ein klarer, stiller Teich liegt. In diesem Teich spiegeln sich der Himmel und die Wolken, und in seiner Klarheit siehst du tiefe Ruhe und Frieden. Die Ufer des Teiches sind gesäumt von weichem Gras und bunten Blumen, die sich im sanften Wind wiegen ...

Setz dich an diesen Teich und spüre, wie der Boden unter dir die Energie der Erde direkt in dich fließen lässt. Es ist, als würdest du an einen Ort zurückkehren, den du schon immer kanntest, ein Zuhause in dir ... ...

In der Stille dieses Ortes hört du vielleicht das Rauschen der Bäume, das Zwitschern der Vögel oder das leise Plätschern des Wassers. Alles hier spricht von Frieden, Harmonie und Einheit. Du fühlst dich eins mit allem, was ist.

Du wirst feststellen, dass, egal wie laut oder chaotisch die Welt draußen ist, es hier immer ruhig und friedlich ist. Wann immer du das Bedürfnis nach Ruhe, Frieden oder Klarheit verspürst, kannst du zu diesem Ort zurückkehren. Er ist immer für dich da, bereit, dir zu helfen, dich zu erden und dich an das zu erinnern, was wirklich wichtig ist.

Atme nun tief ein und aus und spüre, wie sich dieser innere Ort des Friedens mit jedem Atemzug mehr in deinem Bewusstsein verankert. Er ist ein Geschenk, das du dir selbst gemacht hast und das dir immer zur Verfügung steht, wenn du es brauchst.

Nun, da du diesen wunderbaren Ort des inneren Friedens in dir entdeckt hast, ist es an der Zeit, dich sanft auf die Rückkehr ins Hier und Jetzt vorzubereiten. Dieser Ort wird immer ein Teil von dir sein und du kannst jederzeit dorthin zurückkehren.

Aber im Moment ist es wichtig, dich wieder mit der physischen Realität zu verbinden und dich vollständig geerdet und präsent zu fühlen.

Stell dir vor, du stehst nun am Ufer des Teiches. Unter deinen Füßen spürst du das weiche Gras und den festen Boden. Dieser Boden steht für die Erde und ihre tiefe, tragende Energie ...

Atme tief ein und spüre, wie wieder Wurzeln aus deinen Füßen in den Boden wachsen. Sie dringen tief in die Erde ein und verankern dich fest und sicher.
Mit jedem Atemzug spürst du, wie diese Wurzeln tiefer und stärker werden und du dich stark, stabil und verbunden fühlst ... ...

Während du dich so fest mit der Erde verbindest, beginnt von oben eine sanfte, goldene Energie zu fließen. Sie strömt von der Sonne durch das Kronenchakra in deinen Körper und verbindet sich mit der Energie der Erde an deinen Füßen ...

Diese beiden Energien, Himmel und Erde, verbinden sich in deinem Herzzentrum und erfüllen dich mit einem Gefühl von Harmonie und Ausgeglichenheit ... ...

Atme diese harmonische Energie ein. Lass sie durch jeden Teil von dir strömen, durch jeden Muskel, jede Zelle, jedes Chakra. Spüre, wie sie dich belebt, dir Klarheit und Präsenz schenkt ... ...

Nun, da du vollständig geerdet und zentriert bist, begibst du dich sanft auf den Weg zurück durch den Wald. Mit jedem Schritt spürst du, wie sich deine Reise dem Ende nähert …

Hypnose Ausleitung

Zug ins Wachbewusstsein

Und allmählich wird es Zeit, deine innere Reise für heute zu beenden und wieder ins Tagesbewusstsein zurückzukehren.

Stelle dir dazu vor, wie du am Bahnhof stehst und dein Zug gerade einfährt. Es ist der Zug ins Wachbewusstsein.

Du steigst jetzt ein und fährst ein kleines Stück und wirst dabei immer wacher und wacher …

Du beendest deine heutige Reise in deiner Vorstellungswelt und nimmst all die schönen Erinnerungen, die positiven Gefühle und den Auftrag an dein Unterbewusstsein mit.

All das hast du jetzt im Gepäck dabei und darüber kannst du dich freuen …

Du bist heute wirklich sehr gut vorangekommen, um dein gewünschtes Ziel jetzt zu erreichen und hast alles getan, was dazu nötig war, dass dein Unterbewusstsein den Auftrag klar verstanden hat.

Du wirst jetzt innerlich und äußerlich unterstützt und das zu allen Zeiten und zum Wohle deines Körpers, deiner Seele und deines Geistes.

Und während du dir all das gerade schon Erreichte noch einmal bewusst machst, da rattert der Zug immer weiter und weiter und bringt dich immer mehr ins Wachbewusstsein, sodass du gleich deine Augen öffnen kannst …

Ich zähle dazu bis 3 und dann bist wieder hier in diesem Raum, auf deiner Unterlage und im vollen Bewusstsein angekommen …

1 Alle Teile deines Körpers sind locker, leicht und frei beweglich. Dein Puls und dein Kreislauf haben wieder sehr gute Werte ...

2 Bereite dich darauf vor, dass, wenn ich die nächste Zahl erreicht und ausgesprochen habe, du dann deine Augen ganz leicht öffnest. Du bist dann wieder vollkommen hellwach ...

3 Augen auf. Augen auf. Du bist wieder vollkommen hellwach und fühlst dich frisch und munter und ausgeruht und hast richtig gute Laune.

Bonus

(Einblick in Band 4 Hypnose Hauptteil zum Abnehmen)

Schlank im grünen Bereich sein und bleiben

Hinweis, bevor es losgeht:
Um den Hypnosetext ganz individuell passend für deinen Klienten zu gestalten, erfrage vorher ***das gewünschte Gewicht und die Kleidergröße****. Außerdem, vereinbare* ***3 Signale****, die dem Klienten helfen sollen, das alte Verhalten zu lassen.*

Beim ersten Signal geht es ***um ein Bild****, welches zum neuen Verhalten motiviert z. B. Bild einer Waage mit der gewünschten Zahl oder auch im Bikini auf einer Liege sonnen oder Ähnliches.*

Beim zweiten Signal geht es ***um einen Satz oder ein Wort*** *z. B. stopp, nein danke oder denk an dein Ziel, denk an den grünen Bereich oder Ähnliches.*

Beim dritten Signal geht es und ***um ein Gefühl oder auch Körpersignal*** *z. B. Hände sind tollpatschig, das ungesunde Essen zum Mund zu führen, ein Kribbeln in der Hand, ein unangenehmes Ziehen im Magen, eine abwehrende Handgeste oder Ähnliches.*

All diese erfragten Informationen kannst du direkt in diesen Hypnosetext bei ____ einbauen.

***** **Hypnose** *****

Du kannst jetzt in deinen Gedanken wandern, während du tiefer in Trance gehst ...

In eine andere Welt, die sich dort auftut ...

Eine Welt, in der das Gewicht eine Rolle spielt ...

Du wanderst durch diese Welt und bemerkst viele Bäume, die sich im Wind hin und her wiegen und es hört sich fast wie ein Stöhnen an. Sie stöhnen wegen der vielen Last, die sie zu tragen haben. Überall hängen die Äste nach unten und große Sandsäcke sind an ihnen befestigt ...

Du wunderst dich über diese Sandsäcke und warum es die Bäume hier so schwer haben. Eine schwere und betrübte Stimmung liegt in der Luft und auch du kannst jetzt diese Schwere in deinem Körper spüren. Wie schwer es schon fällt, durch diese stöhnende Baumlandschaft zu gehen ...

Manche Bäume sehen so aus, als wenn sie die Last kaum noch tragen könnten und kurz vor dem Umfallen sind. Sie haben kaum noch Kraft, dem Wind und Wetter standzuhalten.

Einige scheinen zwar starke Wurzeln zu haben und dennoch biegen sich die Äste nach unten und ein paar sind schon abgebrochen, weil es einfach zu schwer geworden ist ...

Die Bäume sehen auch traurig aus, weil ihnen hier jemand diese Säcke angebunden hat und sie es scheinbar allein nicht schaffen, die Last wieder abzuwerfen. Du fühlst dich gerade wie einer dieser Bäume, so schwer hast auch du an deinem Gewicht zu tragen.

So gern möchten die Bäume wieder freier sein, es leichter haben und zu ihrer vollen Gesundheit und Kraft zurückkehren. Genauso wie auch du wieder zu deiner Gesundheit und perfekten Figur zurückkehren möchtest ...

Und wenn der Wind nun langsam weniger wird, kannst du darüber nachdenken, was wirklich wichtig ist, was dir gut tut ...

Was es bedeutet dich gesund und richtig zu ernähren. Du willst Abnehmen und schlank sein. Du möchtest deine Figur so verändern, dass du Kleidergröße ___ trägst und ein Wohlfühlgewicht von ____ kg erreichst und dauerhaft hältst ...

Du weißt, dass du es schaffst, wenn du auf deinen grünen Bereich achtest.

Dein grüner Bereich, er bedeutet für dich, dich gesund zu ernähren, das Richtige essen, kleine Portionen und aufzuhören, wenn du satt bist.

Der grüne Bereich bedeutet auch nur zu essen, wenn du wirklich Hunger hast und auf deine wahren Bedürfnisse zu achten.

Er bedeutet 2-3 Liter Wasser am Tag zu trinken und dich mehr zu bewegen, einfach aktiver und fitter zu sein. Ja, all diese Dinge bedeutet er und du weißt es und du willst es jetzt auch ...

Du willst in deinen grünen, gesunden Bereich, in dem es dir und deinem Körper gut geht, in dem du dein Wohlfühlgewicht von ____ kg erreichst und dauerhaft hältst. Du willst dorthin, wo du genau weißt, wann du satt bist, wann es reicht und genug ist und dann einfach aufhörst zu essen ...

Das ist toll, es so genau zu wissen, wann es reicht ... und es ist so einfach, nur auf deinen grünen Bereich zu achten, den du in dir trägst, der immer für dich da sein kann, weil du es so willst und deine Gedanken und dein Handeln sich nach dem grünen, gesunden Bereich richten. Du weißt ganz genau, was dir wohltut und tust alles nur solange, wie es dir gut tut ...

Hörst genau dann auf, wenn es reicht, weder früher, noch später, genau dann hörst du auf, wenn es reicht. Achte einfach auf die Stimme deines Körpers ...

Dein Körper weiß, was ihm gut tut und wie viel er wirklich braucht ...

Du kannst jetzt diese Landschaft hier verlassen und in den grünen und gesunden Bereich gehen. Jetzt oder schon bald ...

Endgültig und doch im Bewusstsein dessen, was dich im grünen Bereich erwartet, was es bedeutet im grünen Bereich zu sein und was du tun kannst, um dort zu bleiben ...

Jetzt gehen oder schon längst dort sein ...

Neue Wege ...

Jeden Tag wieder ...

Du gehst genau den für dich bestimmten Weg ...

In deinem Tempo ...

Du hast viele Möglichkeiten ...

Viele Wege führen in den grünen Bereich ...

Manche bist du vielleicht schon gegangen ...

Manche liegen noch vor dir ...

Eine Möglichkeit ist, auf die richtigen Mengen zu achten, darauf, dass du nur noch kleine Portionen zu dir nimmst und schnell satt bist, auf dein Sättigungsgefühl achtest und es deutlich wahrnimmst ...

Eine andere Möglichkeit ist, das Richtige zu essen. Das Richtige ist gesund und nahrhaft und gibt dir Kraft und Energie, es tut dir und deinem Körper gut, es hält dich fit und gesund ...

Und wieder eine andere Möglichkeit ist, auf das Trinken zu achten, dass du immer genügend Wasser trinkst. 2-3 Liter am Tag sind gut für dich und so kannst du dich täglich an dein Wassertrinken erinnern und es tun ...

Und noch eine Möglichkeit ist die Bewegung. Denn Bewegung ist wichtig und hält dich fit und jung.

So kannst du auf deine Weise eine Bewegung finden, die dir Spaß macht und die du gern und regelmäßig tust, einfach weil du es willst und du Lust auf Bewegung verspürst und dir und deinem Körper somit Gutes tust ...

Und dann hast du noch deine inneren 3 Signale, die dir helfen werden, in deinem grünen Bereich zu sein und zu bleiben.

Als erstes Signal hast du dein ganz bestimmtes Bild von __________, was vor deinem inneren Auge, in deiner Vorstellung auftauchen wird, wenn du mal in Versuchung gerätst und dieses Bild hilft dir dann, es doch zu lassen ...

Das macht das Verzichten in dem Moment ganz leicht, ganz natürlich und selbstverständlich, dass du nur so handeln kannst, indem du es lässt und dich an dein Ziel, deinen schlanken Körper erinnerst.

Diese Bild von __________ hilft dir dann und erinnert dich an dein Wunschgewicht von ____ kg.

Und was es bedeutet dieses Wunschgewicht von _____ kg zu erreichen und zu halten und so im grünen Bereich zu bleiben.

Das ist also das erste Signal und als zweites Signal hast du ein ganz bestimmtes Wort oder auch einen Satz für dich gewählt und dieses Wort oder dieser Satz taucht als innere Stimme in dir auf ...

Du hörst dann als Stimme ____ und auch dies erinnert dich dann an dein Ziel und dein Wunschgewicht von ____ kg und sofort kannst du so handeln, dass es zu deinem Ziel, deinem schlanken Körper und deinem Wunschgewicht von ___ kg passt und du so im grünen Bereich bleibst ...

Und als drittes Signal hast du dich für ein bestimmtes Gefühl oder auch Körpersignal entschieden. Es ist ______ und dieses erinnert dich auch an dein Vorhaben, dein Ziel und wie du es erreichst und dauerhaft hältst und was dafür zu tun ist …

Und so wird es leicht und selbstverständlich sein, so zu handeln, wie es für dein Wunschgewicht von ___ kg nötig ist und du in deinem grünen, gesunden Bereich bleiben kannst …

Diese 3 Signale sendet dir nun dein Unterbewusstsein als Unterstützung und du kannst darauf vertrauen, dass es seine Arbeit gut machen wird und dir so hilft, in deinem grünen Bereich zu sein und zu bleiben ...

Und nun kannst du dir vorstellen, wie es ist, wenn du schon ein ganzes Jahr in diesem grünen Bereich warst und auch dauerhaft bleiben wirst. Wie haben sich die Bäume auf einmal verändert! Wie schön sieht diese Landschaft jetzt aus! Neue Bäume sind gewachsen. Hier ist alles so leicht und beschwingt. Die Bäume in diesem grünen Bereich sind gesund und genießen ihre Leichtigkeit ...

Und hier kann alles immer grüner und grüner und gesünder und gesünder werden, worauf du stolz sein kannst, denn du bist der Gärtner in diesem grünen Bereich, der aufpasst, dass die Bäume immer die richtige Stütze und Nahrung bekommen.

Genauso, wie du für dich selbst sorgen kannst ...

Die richtige Stütze und Nahrung. Und während du dich in diesem grünen Bereich aufhältst, kannst du dich ganz leicht und zufrieden fühlen ...

Glücklich sein, weil es dir so gut tut, hier zu sein und weil es das ist, was dir deine innere Stimme schon so lange geraten hat.

Du kannst so stolz auf dich sein, dass du es geschafft hast, in deinen grünen Bereich zu kommen und auch zu bleiben und den Entschluss gefasst hast, von nun an gesünder und besser zu leben ...

Zum Abschluss

Weitere Selbsthilfe-Tipps und Audios mit Fantasiereisen gibt es kostenlos in meinem Newsletter

Selbsthilfe-Tipps zum Entspannen lernen, Stress abbauen und Hypnose, um Verbesserungen im Leben zu erreichen

Ich sende dir E-Mails mit schriftlichen Tipps, Audios und Videos, die du exklusiv von mir für dein Selbstcoaching erhältst. So kannst du dein Leben verbessern und einfach entspannter und stressfreier sein und lernen, wie du dein Leben in die gewünschte Richtung lenkst, um das zu erreichen, was du dir wünschst. Du bist der Kapitän deines Lebensschiffes, du hast das Steuer in der Hand, ich helfe dir nur, den Kurs zu halten, dein Ziel möglichst ohne Umwege zu erreichen und manchmal, wenn es nötig ist, die Segel neu zu setzen und mit frischem Wind wieder Fahrt aufzunehmen.

Meine Selbsthilfe-Tipps kannst du dir hier anfordern:

https://entspannen-lernen.info/fantasiereise-und-selbsthilfe-tipps

Dazu gibt es als Willkommensgeschenk meine Fantasiereise Engelsflügel als MP3 zum Download.

Viel Freude damit.

Kontakt zur Autorin

Ich bin dein Selbsthilfe-Coach, spezialisiert auf Entspannung, Hypnose und Mentaltraining. Mit meinen Videos, Büchern und Blogbeiträgen helfe ich dir, deine innere Ruhe zu finden und dein Leben bewusst in die gewünschte Richtung zu lenken.

Mein Ansatz basiert darauf, dir die Werkzeuge in die Hand zu geben, dein Leben so zu gestalten, wie du es dir vorstellst. Ich glaube daran, dass du die Kraft in dir trägst, positive Veränderungen herbeizuführen. Wie eine vertraute Stimme im Navigationssystem führe ich dich mit meinen Inhalten auf deiner Selbstcoaching-Reise. Ich zeige dir, wie du Hindernisse überwinden und dein Potenzial ausschöpfen kannst.

Entspannung, Stressabbau und Persönlichkeitsentwicklung stehen im Mittelpunkt meiner Arbeit. Es macht mir große Freude, Menschen zu zeigen, wie sie sich selbst coachen können, um das Leben zu führen, von dem sie träumen. Mir gefällt die Vorstellung eines Navigationssystems als Metapher dafür. Wie eine vertraute Stimme im Navi möchte ich eine Stimme sein, die dich unterstützt, dich in die richtige Richtung lenkt und dir hilft, deine Ziele zu erreichen.

Anfangs habe ich diese Coachingarbeit in Einzelgesprächen in meiner Beratungs- und Hypnosepraxis durchgeführt. Inzwischen habe ich mein Fachwissen auf meine Webseite verlagert, um noch mehr Menschen zu erreichen und ihnen zu helfen. Dank der heutigen Technologie kann dies auch online geschehen. Das Navigationsgerät ist nun ein Video auf meiner Webseite, das du dir am Computer oder auf dem Handy anschauen und dabei meine Stimme hören kannst.

Ich kann Menschen im gesamten deutschsprachigen Raum erreichen und ihnen helfen, wenn sie mir wie einem Navigationssystem vertrauen und sich von mir auf dem Weg begleiten und führen lassen. Den Weg zu gehen und die Tipps umzusetzen, liegt jedoch in deiner Hand. Deshalb nenne ich es Selbst-Coaching, bei dem du den Ratschlägen einer Expertin folgst, um deine Ziele zu erreichen. Dazu biete ich neben den Büchern auf meiner Website auch meine Selbsthilfe-Tipps in Form von Videos, Audios und Texten an.

Im ersten Schritt geht es um Entspannung, denn Entspannung ist die Basis für ein erfülltes Leben. Dann geht es darum, Stressoren zu erkennen und abzubauen, um langfristig Entspannung zu ermöglichen. Anschließend kommt der spannende Teil. Meine Mentoring-Techniken haben nicht nur mir geholfen, sondern auch meinem Mann und vielen meiner Klienten/innen.

Mit einfachen Techniken, manchmal nur kleinen Veränderungen im Denken, können erstaunliche Fortschritte in der Lebensqualität erzielt werden. Worte und Bilder sind mächtige Werkzeuge im Selbstcoaching und können auf einfache Weise eingesetzt werden.

Melde dich dazu einfach kostenfrei zu meinen Selbsthilfe-Tipps an:

https://entspannen-lernen.info/selbsthilfe-tipps

E-Mail eintragen, abschicken und los geht unsere gemeinsame Reise, auf der ich dir das Selbstcoaching beibringe, damit du dir erfolgreich selbst helfen kannst.

Mein Erfolgsrezept: Offen sein für Neues. Dinge ausprobieren und umsetzen. Denn alles, was ich gelernt habe, nützt mir erst dann etwas, wenn ich es auch anwende.

Kennst du den Spruch: Wissen ist Macht?

Das ist nur die halbe Wahrheit, denn eigentlich müsste es heißen: Angewandtes Wissen ist Macht!

Nutze diese Macht und gestalte dein Leben so, wie du es willst.

Du kannst das!

Du schaffst das!

Ich leite dich an und du coacht dich selbst, damit du deine Ziele erfolgreich erreichst.

Meine Webseite zu den Selbsthilfe-Tipps:

https://entspannen-lernen.info

E-Mail: selbsthilfecoach@entspannen-lernen.info

Weitere Buchtitel von Angelina Schulze

ISBN: 978-3-96738-242-0

20 magische Fantasiereisen mit dir in der Hauptrolle zur Selbstfindung und Entspannung 1

Lass deine Wünsche zur Realität werden und öffne die Pforte zum Erfolg

Angelina Schulze

ISBN: 978-3-96738-243-3

20 magische Fantasiereisen mit dir in der Hauptrolle zur Selbstfindung und Entspannung 3

Die Kraft des Loslassens und die Verwirklichung deiner Träume

Angelina Schulze

ISBN: 978-3-96738-244-0
(erscheint September 2023)

ISBN: 978-3-96738-261-7
(erscheint Oktober 2023)

ISBN: 978-3-96738-262-4
(erscheint Oktober 2023)

20 magische Fantasiereisen mit dir in der Hauptrolle zur Selbstfindung und Entspannung 5

Reisen zur inneren Erfüllung, um Stress abzubauen und Träume zu verwirklichen für ein Leben in Glückseligkeit

Angelina Schulze

ISBN: 978-3-96738-241-9
(erscheint Oktober 2023)

ISBN: 978-3-96738-245-7

ISBN: 978-3-96738-259-4

ISBN: 978-3-96738-272-3

Doppelband
mit jeweils 10
Hypnose
Einleitungen,
Vertiefungen
und
Ausleitungen

ISBN: 978-3-96738-268-6

ISBN: 978-3-96738-269-3

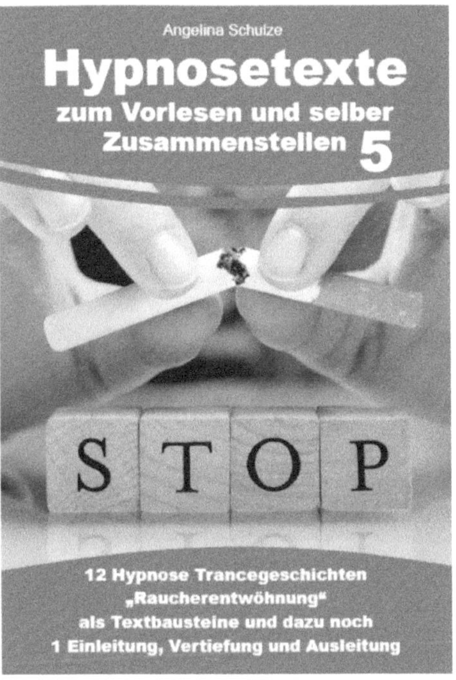

ISBN: 978-3-96738-270-9

ISBN: 978-3-96738-271-6

ISBN: 978-3-96738-238-9
(erscheint November 2023)

ISBN: 978-3-96738-239-6
(erscheint Dezember 2023)

ISBN: 978-3-96738-240-2
(erscheint Dezember 2023)

ISBN: 978-3-96738-246-4
(erscheint Januar 2024)

ISBN: 978-3-96738-247-1
(erscheint Januar 2024)

ISBN: 978-3-96738-248-8
(erscheint Februar 2024)

ISBN: 978-3-96738-263-1
(erscheint Februar 2024)

ISBN: 978-3-96738-264-8
(erscheint Februar 2024)

ISBN: 978-3-96738-074-3

ISBN: 978-3-96738-033-0

ISBN: 978-3-96738-178-8

Auszug aus dem Verlagsprogramm zum Thema „Entspannung“

Fantasiereisen für Groß und Klein
ISBN: 978-3-96738-254-9 (von Simone Merle Waese)

22 Seelenreisen in dein Zuhause in dir
ISBN: 978-3-96738-257-0 (von Ines Leue)

Die Seelenwärmer Apotheke
ISBN: 978-3-96738-165-8 (von Ines Leue)

Meditation, heilsames Abenteuer für Körper, Geist und Seele ISBN: 978-3-96738-199-3 (von Dr. Michelle Haintz)

Meditationen Seelenruhe Doppelband 1 und 2
ISBN: 978-3-96738-208-2 (von Petra Silberbauer)

60 Meditationen zum Eintauchen in die Welt der Sinne und Wesenszüge des Menschen
ISBN: 978-3-96738-203-7 (von Petra Silberbauer)

60 Entspannungsgeschichten in die Welt der Gefühle und zu den 6 Elementen ISBN: 978-3-96738-202-0 (von Petra Silberbauer)

Entspannungsgeschichten – 50 kleine Geschichten für neue Energie, Meditationen, Körperreisen und Fantasiereisen zum Vorlesen für Erwachsene
ISBN: 978-3-96738-108-5 (von Petra Silberbauer)

Entspannungsgeschichten aus dem Leben
ISBN: 978-3-96738-130-6 (von Petra Silberbauer)

Körperreisen in das Wunderwerk „Mensch“
ISBN: 978-3-96738-253-2 (von Petra Silberbauer)

Wechseljahre? Entspann Dich!
ISBN: 978-3-96738-224-2 (von Petra Silberbauer)

Ich relaxe – Mit Entspannungsgeschichten und Meditationen durch das Jahr ISBN: 978-3-96738-205-1 (von Petra Silberbauer)

Und noch viele weitere Bücher …